68, et après

Benjamin Stora

68, et après

Les héritages égarés

Stock

Un ordre d'idées
Collection dirigée
par Nicole Lapierre

Couverture Massin
Illustration de couverture : © DR

IBSN 978-2-234-08182-6

Introduction

Cinquante ans après 1968, je vois la gauche classique, ancienne, se morceler, se diviser et presque disparaître. La vague de « La République en marche » (LREM) aux élections législatives de juin 2017 a mis en pièces la gauche traditionnelle française. Le Parti socialiste, à 7 % des voix, tombe à son plus bas niveau historique ; « La France insoumise » de Jean-Luc Mélenchon perd, avec 11 %, 8 points par rapport à son score de l'élection présidentielle, mais réussit à former un groupe parlementaire avec 17 députés ; les écologistes sont à 4 %, et plus un seul député ; les communistes, à moins de 3 %, remonteront leur score au second tour des législatives pour former difficilement un groupe parlementaire. Toutes tendances confondues la « vieille gauche » arrive, tout juste, au chiffre de 70 députés face aux 360 députés du mouvement LREM/Modem, soutenant le nouveau chef d'État, Emmanuel Macron… Je vois comme un retour en arrière de plus d'un demi-siècle, en coïncidence avec l'accession au pouvoir du général de

Gaulle, en 1958. J'ai le sentiment de découvrir le « remake » d'un vieux film avec les débuts de la Ve République, en pleine guerre d'Algérie, et le rouleau compresseur gaulliste pour retrouver une gauche traditionnelle si faible à l'Assemblée ; de revoir un Parti socialiste divisé et effondré après avoir exercé le pouvoir, notamment avec le couple Guy Mollet/François Mitterrand pendant la « bataille d'Alger » en 1957.

Est-ce bien ma « famille » qui se disloque ainsi, se disperse et risque de se trouver marginalisée pour de longues années ? Ou est-ce l'idée que je me faisais du PS, qui a été au centre de la gauche en France, du congrès d'Épinay en 1971[1] à la débâcle de la présidentielle de 2017 ? Les projets portés dans l'après-68 se sont-ils évanouis ? Et par qui réellement ces idées étaient-elles véhiculées ? De ce constat de disparition d'un monde, et d'une interrogation sur mes engagements à gauche, est né ce livre. Une réflexion sur cet effondrement à partir de ma propre expérience. Comment a-t-on pu atteindre un tel niveau de déliquescence, cinquante ans après, du « soleil » de 68 au crépuscule du PS ? Si j'évoque tant le Parti socialiste et sa crise profonde, c'est qu'il a occupé une grande partie de l'espace politique pendant plus de trente ans. Et, comme on le verra dans cet ouvrage, il s'est progressivement imposé dès la fin des années 1970 comme

1. Le congrès d'Épinay de 1971 s'est tenu à Épinay-sur-Seine (en Seine-Saint-Denis), du 11 au 13 juin 1971, trois ans seulement après la grande grève générale de mai-juin 1968. Il fut celui de « l'unité des socialistes », et permit à François Mitterrand de prendre la direction de la SFIO, baptisée ensuite Parti socialiste.

un héritier essentiel des bouleversements ouverts par « 68 ». Sur le devant de la scène, on peut encore apercevoir certains des acteurs majeurs avec lesquels je partageais autrefois les mêmes espoirs et les mêmes combats. D'autres ont complètement disparu. Pendant près de quinze années, de 1976 (date de mon accession à la responsabilité du « travail jeune » de la principale formation trotskiste de l'époque, l'Organisation communiste internationaliste, OCI) à 1988 (moment de mon retrait de l'activité politique à la suite d'un drame familial), j'ai vu, côtoyé, et milité avec Jean-Christophe Cambadélis, Jean-Luc Mélenchon, Julien Dray, Jean-Marie Le Guen, Manuel Valls, Patrick Menucci, Harlem Désir, ou d'autres encore. J'appartiens à cette génération particulière de l'après-68 qui, après s'être engagée à l'extrême gauche, a dérivé vers le PS. Mais avec une différence : j'ai cessé d'être un « permanent » en 1982, pour entrer dans la vie professionnelle active, tout en continuant de m'intéresser à la vie politique.

Ce livre revisite l'histoire des années 1968 à nos jours. Que s'est-il donc passé ? Qu'avons-nous raté ? Je reprends le fil de mon propre parcours, de ma mémoire. Je m'interroge sur l'évolution des militants dans leur façon de penser l'État et la politique, sur leur cheminement passant de la révolution la plus radicale à la démocratie comme seul horizon, une démocratie vidée de contenu social. Souvent, ils n'ont pas voulu percevoir l'existence des « minorités non visibles » bien présentes pourtant dans la société. L'opposition entre purisme révolutionnaire et réformisme agissant aurait pu ouvrir une brèche politique. Elle a trop vite été refermée, avant d'être véritablement creusée.

Je reviens ici sur les circonstances de mon engagement révolutionnaire à partir de mai 1968, en m'efforçant de quitter le temps de la rumination mémorielle pour passer à celui du temps historique, plus distancié ; mais encore chargé d'affect, non débarrassé tout à fait de l'émotion des engagements partisans. Ce récit débouche ensuite sur la rupture difficile avec l'activisme révolutionnaire des années 1980, sans volonté de reniement. Puis il aborde le passage par le Parti socialiste. C'était l'année 1986, quand la gauche a quitté le pouvoir, et que s'est installée la « cohabitation » entre Jacques Chirac et François Mitterrand ; mais aussi année de la mort de Coluche, et des grandes manifestations de la jeunesse contre la « réforme Devaquet[1] ». On verra que ces grandes mobilisations m'ont donné le sentiment d'une *suite* de mes activités antérieures. C'était une illusion. Le parti dans lequel j'entrais n'avait plus que de lointains rapports avec l'image que nous en avions. J'avais en fait vécu une rupture avec le monde militant, bénévole, pour entrer dans celui des « experts » de l'appareil d'État et des notables, élus multipliant mandats et avantages. Pour certains, continuer de faire de la politique au Parti socialiste, c'était passer du rêve héroïsé du « révolutionnaire professionnel » au statut du

1. Ce projet, décidé par le gouvernement de Jacques Chirac en avril 1986, prévoyait notamment de sélectionner les étudiants à l'entrée des universités, et de mettre celles-ci en concurrence. Il fut très contesté par les étudiants en novembre-décembre 1986.

« permanent à vie ». Comme le note justement l'éditorial de la revue *Le Crieur* en juin 2017 : « Professionnelle, la politique de parti s'est laissé saisir par le pouvoir d'État, s'autonomisant de la société pour devenir une politique séparée, aujourd'hui discréditée et rejetée[1]. »

Mon récit se poursuit enfin sur les années 1990, 2000. L'effondrement de la perspective communiste, à partir de la chute du mur de Berlin en 1989, a fait émerger une nouvelle façon d'agir et de penser, une sensibilité nouvelle à la politique, qui a compliqué le « sens de l'Histoire ». Et j'ai pu mesurer que l'appartenance générationnelle était une autre illusion. Le moment fondateur de notre jeunesse, « 68 » et après, s'est progressivement fracturé. L'unité continuée d'une génération est une notion forgée *a posteriori*. L'inflation du terme dans les années 1980 (popularisé par le succès du livre *Génération*, d'Hervé Hamon et Patrick Rotman, publié en 1987) a semblé indiquer que le champ politique et culturel était occupé par des acteurs ayant conscience d'appartenir à une même génération. Mais on voit bien comment le « tout-générationnel » comme instrument privilégié d'une périodisation ne suffit pas. Les identités politiques dépassent la simple concordance chronologique. La génération née dans le sillage de 68, soudée un moment dans la rupture politique et culturelle, s'est vite dispersée. Les divergences d'analyse en termes de rapports de production et de propriété, l'émergence d'un retour-refuge à une

1. « Au-delà du spasme présidentiel », *Le Crieur*, n° 7, juin 2017.

vision religieuse de l'Histoire, la conception d'un monde séparé en « communautés » ont désorienté, provoqué un retrait de l'activité politique organisée pour le plus grand nombre, ou la recherche de nouveaux moyens de pensée et d'action. Ajoutons que la gauche, prise en étau sur le plan idéologique entre un libéralisme débridé et un républicanisme outrancier, n'a pas su (ou pu) relever le défi des idées. La nostalgie, la « nost-68 », n'a pas suffi à souder ma génération, comme on le verra dans ce livre, dans la création d'un club de réflexion politique au début des années 2000. J'ai moi-même quitté la vie politique organisée après cette dernière expérience de débats. La distance est surtout venue avec le spectacle des scandales liés à l'exercice du pouvoir, le trafic de la vérité, les arrangements et les mensonges.

Il me faut revenir en arrière pour mesurer les espoirs abandonnés. Peut-être pour éviter de me trouver prisonnier d'un chagrin politique. 1968, année de mon engagement radical, semble déjà une séquence lointaine reculant sans cesse sous les coups de boutoir de ceux qui ont toujours voulu la restauration d'une société autoritaire, conformiste, vivant dans les normes établies par les puissances de l'argent et de l'ordre moral. Dans la campagne pour l'élection présidentielle de 2007, le candidat de la droite, Nicolas Sarkozy, s'exprimait ainsi : « Regardez comment l'héritage de mai 1968 affaiblit l'autorité de l'État ! Regardez comment les héritiers de ceux qui en mai 1968 criaient "CRS = SS" prennent systématiquement le parti des voyous, des casseurs et des fraudeurs contre la police. [...] Écoutez-les, les héritiers de mai 1968 qui cultivent la repentance, qui font l'apologie du communautarisme, qui dénigrent l'identité nationale, qui attisent la haine de la famille, de la société, de l'État, de la nation, de la République. [...] Il s'agit de savoir si l'héritage de mai 1968 doit être perpétué ou s'il doit être liquidé, une bonne fois pour toutes[1]. » Nicolas Sarkozy, quelques jours plus tard, gagnera cette élection.

L'offensive idéologique contre les engagements de l'après-68 a commencé depuis bien longtemps, empruntant d'autres chemins, d'autres arguments, comme ceux du libéralisme politique, pour parvenir à un nécessaire retour en arrière[2]. Sorti en 1985, le livre *La Pensée 68*, de Luc Ferry et Alain Renaut, partait ainsi du postulat que les « égoïsmes et les narcissismes », via la gauche au pouvoir, sont la continuité d'une « philosophie soixante-huitarde », qui aurait dénoué les liens sociaux, démobilisé les forces collectives, fait triompher le relativisme moral aux dépens des principes éthiques des Lumières. Les deux auteurs ajoutaient

1. Nicolas Sarkozy, discours du 1er mai 2007, dans la campagne électorale présidentielle. Le même jour, Ségolène Royal, candidate du Parti socialiste à l'élection présidentielle (elle sera battue à cette élection), évoque aussi Mai 68... comme un contre-modèle. Un événement à ne pas recommencer. Elle dit dans un meeting : « Moi, je ne souhaite pas que la France parvienne à cet état de blocage comme en 68, des révoltes, des revendications, des grèves qui ont tout bloqué. [...] Je veux au contraire qu'en anticipant, en créant tous ensemble du dialogue, de la démocratie, du débat, des compromis sociaux, des convergences intelligentes, la France puisse avancer sans perdre son temps. »

2. Sur l'histoire de la longue offensive idéologique contre 68, voir le livre de Serge Audier, *La Pensée anti-68. Essai sur les origines d'une restauration intellectuelle*, Paris, La Découverte, 2008.

que les éloges du « spontanéisme », ou les « idéologies du désir » auraient mené droit aux « apories de l'anti-humanisme »[1]. Il faudrait donc opposer à toute cette pensée issue de 68 un humanisme « de maîtrise de soi et du monde », un humanisme à nouveau « légitime après sa déconstruction » (en référence aux travaux de Jacques Derrida). Apôtres de l'individualisme, ils se félicitaient du « retour du sujet », pouvant rendre possible l'action politique. Dans un article de réponse, Jean-François Lyotard et Jacob Rogozinski, cités dans l'ouvrage de François Cusset, voyaient surtout dans ce livre « la morgue jalouse, l'esprit de ressentiment et le conservatisme à visée carriériste[2] ».

Il faudrait aussi s'interroger sur les trous de mémoire qui ont permis de telles dévalorisations de 68. Et en particulier sur l'absence de transmissions mémorielles par ceux qui ont vécu ce moment. Quelques « grandes » figures ont perpétué 68, et l'on pense, inévitablement, à Daniel Cohn-Bendit. Mais ceux qui n'ont pas transmis cet événement se sont majoritairement retirés de toute vie politique ou associative, surtout après l'arrivée de la gauche au pouvoir en 1981. Les grandes mobilisations de la jeunesse en 1986 apparaissent, avec le recul, comme les dernières d'un engagement militant, collectif, politique. Cette année 1986, et ce n'est pas une simple coïncidence, est celle de notre rupture avec le trotskisme, et l'entrée au Parti

1. Luc Ferry et Alain Renaut, *La Pensée 68. Essai sur l'anti-humanisme contemporain*, Paris, Gallimard, 1985.

2. François Cusset, *La Décennie. Le grand cauchemar des années 1980*, Paris, La Découverte, 2006, p. 113.

socialiste. Si quelques-uns d'entre nous ont poursuivi une carrière dans l'appareil socialiste, la grande majorité militante a abandonné, tout au long des années 1990, un engagement politique collectif. Et n'a donc pas transmis aux générations suivantes son expérience politique.

La mémoire d'engagement a pu être dévalorisée parce que non assumée, non portée. Cette non-transmission s'explique par l'entrée dans la vie active, la volonté de fonder une famille et de quitter une adolescence révolutionnaire. Mais d'autres explications sont possibles, en particulier la nature même de cet engagement. Dans les esprits se sont enracinées les visions d'une utopie folle, de retours à la campagne et de pratiques d'union libre. Il est vrai que « l'après-Mai 68 a libéré une omerta gigantesque dans toute la société et mille jaillissements jubilatoires surgissent de partout, dans le plus grand désordre mais à la façon d'une thérapie collective[1] ». Cet aspect libertaire est encore souvent convoqué dans la vision de 68 d'une large partie de la société. Il en est autrement pour les « avant-gardes » révolutionnaires. Car on ne veut toujours pas accepter que les années de l'après-68 aient aussi été celles de l'engagement de milliers de jeunes dans des organisations révolutionnaires d'un marxisme orthodoxe, pur et dur. Une sorte de petite armée en constitution, de dix à quinze mille membres, tous courants d'extrême gauche confondus. Avec l'engouement pour des pratiques politiques autoritaires, et une

1. Patrice van Eersel, *L'Aventure d'*Actuel *telle que je l'ai vécue*, Paris, Albin Michel, 2017, p. 31.

volonté, assumée, de diriger une société par le haut ; avec l'attrait pour le secret et le verticalisme d'organisation ; et avec le vertige éprouvé devant la séduction d'une violence extrême, possible. La tentation du passage au terrorisme a existé. L'enlèvement par des groupes maoïstes au printemps 1972 de Robert Nogrette, un cadre des usines Renault de Boulogne-Billancourt, après que le militant Pierre Overney eut été assassiné en plein jour devant les portes de la forteresse de l'île Seguin ; la tentative, violente, de prise d'assaut d'un meeting d'extrême droite à la Mutualité par la Ligue communiste en 1973 ; l'exacerbation du virilisme machiste du service d'ordre de l'OCI... Tous ces aspects, sombres, ont fortement existé dans les années 1970. Et ont été gommés des récits de filiation avec cette période. Un sentiment de culpabilité, causé par ce comportement politique extrême, incompréhensible pour un jeune d'aujourd'hui, et par les actes terroristes de l'année 2015 contre *Charlie Hebdo*, l'Hyper Cacher, le Bataclan, explique en partie le refoulement, la négation de ces représentations forcément négatives de l'après-Mai, et le manque de transmission.

Le plus important est quand même le fait que libéralisme économique et républicanisme idéologique se sont conjugués tout au long des années post-68 pour tenter de faire refluer les engagements nés de 68. La volonté de retour à l'ordre moral et politique combinée au respect de traditions anciennes (surtout dans le domaine des mœurs) ont aussi joué leur rôle dans ces tentatives de dénigrement. Je reviens également dans ce livre sur la montée en puissance de la discussion sur la question de l'immigration, et autour de la présence de l'islam en France. Une vague néonationaliste s'est structurée pour fabriquer un imaginaire de refus des étrangers, surtout d'origine musulmane, après la vague des attentats terroristes. Les idéaux de 68, qui s'exprimaient par une volonté d'abaissement des frontières nationales, ont aussi reflué pour cette raison.

Pourtant, dans le quotidien *L'Opinion* du 18 octobre 2017, on apprend que le président Macron envisagerait, même si le flou demeure, d'organiser des commémorations officielles pour le 50e anniversaire de mai 1968. L'idée sous-jacente, selon les confidences glanées dans ce journal, serait de « sortir du "discours maussade" sur ces événements qui ont contribué à la modernisation de la société française, dans un sens plus libéral ». L'État peut-il piloter cet anniversaire sans le trahir ? « Dans l'absolu, ce n'est sans doute pas à l'État de piloter la commémoration d'une rébellion venue de la société et à forte dimension libertaire », répond le philosophe Serge Audier[1].

Ces remarques et préoccupations venant « d'en haut » disent une lecture de 68 bien particulière. Celle d'une « modernisation libérale » d'un mouvement qui fut au contraire très collectif, animé d'idéaux sociaux généreux. Et qui jeta dans la rue, avant et après 68, des dizaines de milliers de jeunes contre la guerre du Vietnam principalement, donc contre la politique menée par « l'Occident » qui n'apparaissait nullement comme un modèle à

1. Serge Audier, « Mai 68 : mieux qu'une liquidation, une célébration officielle », *Libération*, 6 novembre 2017.

suivre. Et il n'y avait pas dans ce mouvement le culte de la consommation, ou des louanges adressées aux entreprises. Je n'ai pas pour ambition de restituer tous les débats qui reviennent, anciens et nouveaux, autour de 68. Plus modestement, dans ce livre, qui se présente comme une suite de *La Dernière Génération d'Octobre*, publié en 2003, je dis comment un jeune juif exilé d'Algérie dans le Paris des années 1970 a voulu bousculer l'ordre ancien avec beaucoup de rage, et comment, dans ce mouvement, il a fini par trouver les voies d'une intégration dans cette même société, en restant fidèle à ses idéaux de jeunesse. Non sans éprouver quelques déceptions, regrets et mélancolies.

1

Sous le soleil de l'après-68

En 1967, sur l'écran de la télévision de mes parents à Sartrouville, je voyais les images en noir et blanc de la guerre de Six Jours entre l'Égypte et Israël, les atrocités de la guerre au Biafra, et les bombardements américains au Vietnam du Nord, à Hanoï ou Haïphong. J'avais seize ans, et la guerre du Vietnam commençait à mobiliser mon énergie. Je découvrais la politique, sortant du « cocon » familial en participant à une marche organisée à Paris par les Jeunesses communistes pour « la paix au Vietnam ». La télévision en couleurs, avec la « deuxième chaîne », est arrivée chez nous en février 1968. Le monde en couleurs ! Quelques semaines plus tard, d'autres « événements » allaient faire irruption.

Je vivais dans une cité tranquille de la banlieue parisienne à Sartrouville, entre les heures routinières du lycée à Saint-Germain-en-Laye (il n'y avait pas à l'époque de lycée à Sartrouville, et je faisais chaque jour deux heures de transport) et la langueur des jours qui passent et se ressemblent. C'est dans ce « ressac » d'histoire depuis mon départ d'Algérie qu'est arrivée l'ébullition de mai 1968. L'irruption brutale, instantanée, des mots de la politique révolutionnaire ont coïncidé avec un moment de surchauffe adolescente. Cocktail connu : distance avec l'emprise familiale, affirmation des désirs sexuels, modèle de la société rejeté parce que consumériste (« À bas la société de consommation » a été l'un des tout premiers mots d'ordre dans la jeunesse), sentiment de puissance procuré par l'engagement collectif qui brise les solitudes de ces âges de transition.

Que de signes annonciateurs avant l'explosion de mai 1968, et dont je me souviens encore parfaitement. Le climat de contestation flottait partout dans l'air. Me revient en mémoire le visage d'Henri Langlois, le directeur charismatique de la Cinémathèque française, et ceux aperçus à la télévision de cinéastes, jeunes, qui manifestaient. Le 6 mars 1968, Jean-Louis Bory écrivait dans *Le Nouvel Observateur* : « Comme les marcheurs de la paix au milieu de la circulation, j'ai envie de m'asseoir au milieu de ma chronique pour crier : "Rendez-nous Langlois !", ajoutant : "Il est toujours dangereux de bousculer un symbole : les passions flambent, imprévisibles." » Dans mon lycée de Saint-Germain-en-Laye, à « Marcel-Roby », on discutait des inscriptions possibles à la fac de Nanterre, qui commençait à « bouger ». Un des « pions », censé nous « surveiller » dans la cour, s'appelait Jean-Pierre Duteuil. Il était anarchiste, compagnon de combat de Daniel

Cohn-Bendit[1]. Il discutait avec nous. Et nous ne savions pas encore qu'il serait l'un des principaux animateurs du « Mouvement du 22 mars » à Nanterre[2]. Son arrestation, et sa possible exclusion de l'université, mettra le feu aux poudres.

En regardant la télévision, j'avais déjà le sentiment d'une vie politique stérile, sans attrait particulier, contribuant à la même forme de pensées aliénantes et lointaines. De temps en temps surgissaient sur l'écran des signes de mouvements forcément intéressants puisque étranges, comme les « Provos » hollandais, qui contestaient l'ordre établi et les structures familiales en organisant des « happenings » dans les rues d'Amsterdam ; ou, en Grande-Bretagne, des groupes comme les « Mods » ou les « Rockers », qui, par la pop music, ouvraient la voie à des contestations d'institutions traditionnelles. D'Allemagne, arrivaient les images des violentes manifestations du syndicat étudiant SDS contre la « presse Springer », coupable de construire un univers médiatique d'abrutissement des « masses populaires ». Idéologiquement, ces militants allemands, je le saurais plus tard, adoptaient un socialisme libertaire qui cherchait ses racines dans

1. Né en 1945 de parents allemands antinazis, Daniel Cohn-Bendit était un militant libertaire qui étudiait à l'université de Nanterre. Il devient l'un des principaux animateurs du mouvement étudiant en mai-juin 1968. Jean-Pierre Duteuil, *Nanterre, vers le mouvement du 22 mars*, préface de Daniel Cohn-Bendit, La Bussière, Éditions Acratie, 1988.

2. Le 22 mars 1968, à 21 heures, des étudiants, qui manifestent leur solidarité avec des militants arrêtés pour leur opposition à la guerre du Vietnam, occupent le huitième et dernier étage du bâtiment administratif de l'université, la salle du conseil des professeurs. Daniel Cohn-Bendit, à la tête d'une délégation d'une vingtaine d'étudiants, est menacé d'exclusion de l'université. Le refus de cette procédure marque le début de l'embrasement dans les facultés françaises.

l'anarchisme d'Erich Mühsam, et le spartakisme de Karl Liebknecht et de Rosa Luxemburg[1]. D'Italie, venaient les bruits d'un procès des lycéens milanais réclamant une « éducation sexuelle ». Des États-Unis, parvenaient la musique pop, rock, la culture hippie, et les grandes manifestations contre la guerre du Vietnam. Vraiment, l'« ennui » n'était qu'apparent. C'était plutôt le sentiment d'isolement, de solitude qui dominait, que viendra briser la réalisation des mouvements collectifs.

Dans mon lycée, l'occupation des locaux a été immédiate, les nouvelles de la répression étudiante circulant à la vitesse de l'éclair par le biais des transistors, écoutés le soir par les lycéens (qui ne regardaient pas la télévision des parents). Les « meneurs » de mon lycée étaient déjà des militants trotskistes, et avaient pour noms Jean Gersin, qui deviendra le secrétaire de la Fédération du livre CGT, ou Pierre Souyri, le futur grand historien de l'histoire du Japon. Je découvrais enfin Paris, six ans après mon arrivée d'Algérie, par les manifestations, les meetings, et surtout les discussions à chaque coin de rue du Quartier latin. Des mots nouveaux apparaissaient dans des conversations enfiévrées. Le refus de l'« aliénation », de l'exploitation et de la « société de consommation ». Mais, très vite, d'autres formulations viendront,

1. Rosa Luxemburg et Karl Liebknecht étaient des militants de la gauche du Parti socialiste allemand pendant la Première Guerre mondiale. Ils fondent en 1915 une organisation d'extrême gauche, la Ligue spartakiste, du nom de l'esclave qui défia Rome au temps de l'Empire romain. Ils furent tous les deux assassinés en janvier 1919 par des groupes d'extrême droite (« les Corps francs ») alors que les socialistes allemands étaient au pouvoir sous la conduite de Friedrich Ebert.

beaucoup plus anciennes, reçues en héritage du mouvement révolutionnaire, marxiste : la volonté de bâtir la « dictature du prolétariat », ou la nécessité de construction du « parti révolutionnaire » pour « renverser l'ordre bourgeois ». La contestation radicale s'enlisera dans le vocabulaire des révoltes antérieures. Pour autant, les discussions restaient vives entre ceux qui voulaient le « pouvoir ouvrier », l'« autonomie du mouvement », et ceux qui préféraient toujours le « parti » et se méfiaient du « spontanéisme » anarchisant. Progressivement, dans les années qui ont suivi, les seconds, les marxistes purs et durs, l'ont emporté. Les masses des jeunes lycéens ou étudiants qui cherchaient les voies de la critique radicale se sont majoritairement dirigées vers les organisations, bien rigides, disciplinées, trotskistes ou maoïstes. Mais, après l'année 1973, moment du coup d'État au Chili du général Pinochet qui destituera le président Allende, et la dissolution ou l'autodissolution de groupes d'extrême gauche (comme la Ligue communiste ou les groupes maoïstes comme la Gauche prolétarienne), la tendance s'inversera. Ce sera le début de la montée en puissance du nouveau Parti socialiste qui réussira à capter les aspirations au changement de « 68 » avec son mot d'ordre, « Changer la vie ». Il profitera de la faiblesse du Parti communiste français, et s'installera comme une grande force politique. Il prendra logiquement le pouvoir en 1981.

Le « soleil » de 68 marque mon entrée réelle dans la société française. Par mon engagement pour la « révolution » à partir de mai 1968, j'étais brutalement propulsé dans un nouveau monde, celui d'une société divisée en classes, et non en communautés. J'éprouvais cela comme un soulagement, comme une libération. Un affranchissement de la soumission organisée par les rites religieux. Cette sortie du ghetto construit par appartenance communautaire fut décisive : je ne reviendrais pas en arrière dans le monde étroit d'une seule culture, préférant me situer dans une multiplicité d'origines (l'histoire du judaïsme, de l'Algérie, de la France et du socialisme, de l'internationalisme politique). La précipitation dans l'histoire révolutionnaire m'a libéré de la peur religieuse et a aiguisé ma curiosité. Cette reconnaissance de la pluralité des hommes et des mondes me permettra par la suite de combattre toutes les conceptions unilatérales, y compris celle d'un certain marxisme étroit qui me rappellera le dogme religieux, étouffant.

En cette fin des années 1960, le temps des héros littéraires, des lectures scolaires et romanesques du lycée, avec Albert Camus sanglé dans son imperméable ou André Malraux dans son blouson d'aviateur, était pour moi révolu. À partir de 1968, je regardais ailleurs, vers d'autres figures romantiques, celles des révolutionnaires voyageurs se défiant des États et des polices. Je voulais leur ressembler, me modeler sur eux, vivre une aventure intellectuelle radicale, absolue. La vie ne m'apparaissait digne d'être vécue que dans la mesure où je parviendrais à la construire en une succession d'actions trépidantes. Il me fallait sortir de la solitude créée par la guerre en Algérie, quand je n'avais pas le droit de jouer dans la rue avec d'autres enfants, sortir de l'enfermement familial engendré par l'exil, bref rattraper le temps perdu. L'action politique, ce fut donc d'abord cela : les retrouvailles avec d'autres, les débuts d'une socialisation culturelle, la fin des jours moroses à étudier dans la petite cité HLM de Sartrouville où j'habitais. M'engager, c'était prendre en main mon destin, quelque chose d'intense, comme une explosion, un bouillonnement après ces années de pression silencieuse. Il me semblait que j'étais au diapason de ma génération qui se reconnaissait et se définissait par rapport à un avant forcément sombre, négatif. Ce qui ne correspond bien sûr pas à la réalité, les évolutions culturelles dans tous les domaines, de la création à la politique, dans les années 1950, 1960, ont été extrêmement fécondes, tendues, et annonciatrices de drames et d'émancipations. Les émissions de Jean-Christophe Averty à la télévision française, insolites et insolentes, débordant d'idées autant que de gags visuels, déconcertaient et surprenaient le téléspectateur français. De la « Nouvelle Vague » au cinéma aux inventions du « Nouveau Roman » en littérature, et au structuralisme en sciences humaines, le paysage culturel français se transformait en profondeur. La fin de l'Algérie française marquait la fin de l'Empire colonial. Mais la décolonisation ne faisait pas pour autant du « tiers-monde » le sujet de l'histoire. Les indépendances demeuraient fragiles, les nouveaux États étaient faibles, assujettis aux aides extérieures, minés par des rivalités internes. L'Inde connaissait en 1965 la famine du siècle. La fédération entre le Mali et le Sénégal sera éphémère. Au Congo ex-belge, la province du Katanga était tentée par la sécession dès 1961. Dans les deux cas, les combats seront épouvantables, les souffrances des deux populations locales indescriptibles. Les ressources minières et pétrolières des provinces dissidentes laissaient planer un doute des plus sérieux sur le rôle joué par les puissances occidentales. Pour avoir tenté de mener une expérience socialiste dans son pays, Patrice Lumumba, Premier ministre du Congo, sera assassiné. Des grandes manifestations contre la guerre du Vietnam à la solidarité envers les peuples d'Amérique latine, toute une jeunesse entrait en politique. Le conflit israélo-arabe avec la guerre des Six Jours en juin 1967 ouvrait une nouvelle histoire de ce conflit qui n'arrivera plus à s'éteindre, malgré la revendication sans cesse formulée des deux États, israélien et palestinien. Avec la grève de mars 1963, le général de Gaulle, au pouvoir depuis 1958, se heurtait aux mineurs et découvrait qu'il ne suffisait pas de signer un décret de réquisition pour remettre les puits en route. L'assassinat de J. F. Kennedy en 1963 était un drame que le monde entier pouvait suivre en direct grâce à la puissance naissante de la télévision. De la création du planning familial à l'apparition de la pilule, la condition des femmes changeait profondément, et annonçait les batailles autour du droit à l'avortement. Dans le domaine musical, les groupes qui apparaissaient au début des années 1960 en Angleterre, aux États-Unis, tels les Beatles ou les Rolling Stones, secouaient le monde, que Bob Dylan ou Joan Baez contesteront. En 1967, sur le devant de la scène du festival Monterey Pop, apparaissent Janis Joplin, Jimi Hendrix ou Jim Morrison, avec son groupe, The Doors. Cette même année 1967, à la veille de la grève générale en France, les Beatles étaient à l'apogée de leur gloire avec leur grand album *Sgt. Pepper's Lonely Hearts Club Band.* Ils chantaient « All You Need Is Love », en regardant du côté des hippies de San Francisco où, fleurs au poing, une partie de la jeunesse voulait refaire le monde sans violence, en faisant l'amour, pas la guerre, et en fumant de l'herbe... Tous ces souvenirs « d'avant » nous propulseront vers un « après » idéalisé porteur de liberté et de société égalitaire.

Dans l'attente d'un « Octobre » jamais revenu

L'engagement militant, et je le comprendrais bien plus tard, deviendra un vecteur de socialisation et d'intégration, notamment pour un « rapatrié », en fait un fils d'exilé, ou... d'immigré (le mot n'était pas encore entré dans le vocabulaire journalistique) venant d'Algérie. Je n'ai donc pas vécu « l'engagement militant comme aliénation », ainsi qu'on pourra le lire dans les années 1980-1990, lors du grand basculement des idéologies progressistes et de la disqualification des idéaux d'émancipation portés par la gauche. Mais au contraire comme un moment d'apprentissage et de découverte des codes de fonctionnement de la société française dans laquelle je pénétrais. Le choix de l'organisation, les trotskistes lambertistes, considérée comme la plus « dure » dans l'après-68, peut apparaître comme le fruit du hasard (la présence de jeunes et jolies militantes de l'École normale d'institutrices près de mon lycée à Saint-Germain-en-Laye). Mais, en même temps, le choix de ce mouvement n'est pas si neutre, car je suis resté près de quinze ans dans cette organisation dont je suis devenu un responsable important. Fils de parents déracinés et d'ouvrier, le discours « sérieux » de « défense des prolétaires » me séduisait, d'autant que la parole lambertiste ne cessait de décrire les autres groupes comme des « petits-bourgeois », des « spontanéistes décomposés » et des « dilettantes ». Autant dire que je ne me reconnaîtrais pas, dans les explications données plus tard sur « 68 », comme l'émergence d'une « génération lyrique » définie ainsi par le sociologue québécois François Ricard : « Une génération dont le destin était de n'avoir aucun malheur collectif, ni guerre, ni crise ; lyrique par son amour éperdu de soi-même, sa confiance catégorique en ses propres désirs et ses propres actions, et le sentiment d'un pouvoir illimité sur le monde[1]. » Ce rapport au monde, si léger, n'était pas le mien, parce j'avais déjà traversé la guerre et l'exil, la déchéance sociale de mes parents, la pauvreté dans laquelle nous vivions dans une cité HLM de banlieue. Cependant, j'ai pu le voir chez d'autres camarades qui n'avaient pas les mêmes « inquiétudes » que moi ; et qui, pour certains, passeront progressivement de la révolte contre la culture familiale à l'ordre de la tradition établie par leurs origines sociales. Mais cela, je ne le savais pas encore, emporté dans l'agitation du militantisme effréné. C'est là toute l'ambiguïté des engagements

1. François Ricard, *La Génération lyrique. Essai sur la vie et l'œuvre des premiers-nés du baby-boom*, Montréal, Boréal, 1994, p. 7-8.

multiples, différents. Prisonnier d'une révolte authentique, je ne voyais pas les différences d'origine sociale entre mes camarades. Dans cette seconde moitié de XXᵉ siècle où les pratiques culturelles tendaient à s'uniformiser, je croyais au réveil des forces collectives et des enthousiasmes communs, au progrès économique inexorable, à la possibilité de se libérer des habitudes anciennes. Le mirage mit quelques années à se dissiper, même si j'ai longtemps conservé le sentiment que ma génération pouvait former un groupe actif, soudé sur un temps long.

J'ai donc passé plus de quinze ans de ma vie, à partir de 1968, à militer dans une organisation trotskiste, l'OCI (Organisation communiste internationaliste), devenue Parti communiste internationaliste (PCI) en 1981. J'étais un révolutionnaire, membre de l'« avant-garde » d'une révolution aussi inévitable qu'imminente, qu'il fallait annoncer, préparer et organiser. J'ai été, de 1976 à 1981, un permanent de cette organisation, vivant de l'intérieur les mécanismes de fabrication des idéologies, et les conduites d'appareil. Et, à ce titre, en contact régulier avec Pierre Lambert[1] (Pierre Boussel de

1. Né en 1920, Pierre Lambert a été l'un des principaux dirigeants politiques de la IVᵉ Internationale, et il a été, aussi, un responsable syndical. Pendant l'Occupation, il a participé à la reconstruction des syndicats dans le cadre de la CGT clandestine. Lors de la scission de la CGT en 1947, il choisit de rester dans ce syndicat plutôt que de rejoindre Force ouvrière. Mais en 1950, à la suite d'un voyage dans la Yougoslavie de Tito, qualifiée de fasciste par Staline, il est exclu de la CGT comme « hitléro-trotskiste » (nom que le PCF applique aux trotskistes en général). Il adhère à la CGT-Force ouvrière et sera plusieurs années durant l'un des responsables de la chambre syndicale CGT-FO de la Sécurité sociale de la région

son vrai nom) et d'autres dirigeants comme Stéphane Just ou l'historien Pierre Broué. Le « lambertisme », du nom de son fondateur, est réapparu sur la scène politique française en 2001 lorsque Lionel Jospin, alors Premier ministre et candidat à l'élection présidentielle, a concédé avoir effectivement appartenu à cette organisation jusqu'en 1984. Ce courant a aussi été mis en question au moment où Jean-Luc Mélenchon, en fondant « La France insoumise », a obtenu 19 % des voix à l'élection présidentielle de 2017[1].

Je devenais ainsi, à partir de 17 ans, un jeune homme plein de rage, de fougue, de fureur. Je voulais rompre avec ma solitude, m'attaquer au monde qui avait rejeté mes parents dans la misère. Ma volonté était davantage celle de détruire que de construire. La formule attribuée au bolchevik Karl Radek me convenait parfaitement : « Nous sommes des négateurs. » Construire une nouvelle société ne m'intéressait pas. Il fallait, d'abord, faire « table rase du passé », ma phrase préférée de l'Internationale. Dans ce sens, mon communisme avait plus à voir avec du nihilisme qu'avec une forme future d'organisation planifiée de la société. Un rejet qui ne pouvait s'accomplir que par une organisation forte, disciplinée, rigoureuse sur le plan doctrinal. Une sorte de mixte entre nihilisme individualiste et stalinisme collectif. Une volonté bien dangereuse

---

parisienne. Il jouera un rôle important dans le mouvement syndical au niveau national.

1. Né en 1951, Jean-Luc Mélenchon a été membre de l'OCI de 1969 à 1979 dans la ville de Besançon, sous le pseudonyme de « Santerre ».

de pureté se réalisant par la violence sur les autres. Je retrouvais tout cela dans l'OCI. Qui ne définissait le socialisme que par la négation, la dénonciation inlassable du capitalisme, du libéralisme. Sans rien proposer vraiment. Pour la société idéale, l'égalité complète hommes-femmes ou la fin du travail aliénant, il fallait, d'abord, détruire l'État bourgeois. Le reste viendrait après, dans et par le mouvement émancipateur porté par « les masses ». Il était donc inutile de se perdre dans des discussions théoriques sur le futur, considérées comme des « divagations petites-bourgeoises », des écrans de fumée retardant notre marche en avant. En ce sens, il ne fallait pas « changer la vie », mais changer de monde.

Dans *La Dernière Génération d'Octobre*, publié en 2003, j'ai tenté d'expliquer notamment comment une organisation au vocabulaire et aux pratiques si éloignés des moments libertaires de l'après-1968 avait pu séduire et retenir dans ses rangs des milliers de jeunes dans les *seventies*, extraordinaire moment de libération des mœurs ou d'explosions cinématographiques et musicales. Comment expliquer, en effet, un engagement total (j'ai consacré tout mon temps et finalement toute ma jeunesse) dans un mouvement à bien des égards surtout replié sur lui-même ? Car, à la différence des autres partis et groupements qui se sont développés après 1968, l'OCI n'a été que rarement mêlée aux mouvements féministes, antimilitaristes, écologistes, ou de défense des immigrés. Son objectif était de recruter des militants en offrant un prêt-à-penser et un prêt-à-agir qui dispensaient de la pensée critique. Le parcours d'historien que j'entamerai à la fin des années 1970, sera, d'un point de vue éthique et épistémologique, incompatible avec cette attitude. Je n'ai pourtant jamais renoncé à l'espoir de l'émancipation[1]. Mais être de l'Organisation signifiait, aussi, être membre d'une même famille. Dans le cercle de Nanterre où je militais au début des années 1970, on vivait ensemble, on sortait ensemble, on dormait ensemble, on mangeait ensemble. L'autonomisation vis-à-vis de ma propre famille se faisait au profit d'une nouvelle famille. Je passais ainsi, sans m'en rendre compte, du ghetto juif de Constantine au ghetto trotskiste avec ses rites particuliers : réunions régulières, chansons scandées à tue-tête, et récitation religieuse de phrases de Marx ou de Trotski apprises par cœur. Cette vie nouvelle était en fait comparable à celle d'autres jeunes de l'époque venus à la politique par le maoïsme, l'anarchisme ou d'autres courants trotskistes. Mais appartenir à l'OCI, être de l'OCI, représentait une double rupture avec son temps. Rupture, évidente, avec les valeurs dominantes de la société de consommation et du spectacle qui se développait dans ces années 1970. Rupture aussi avec, au moins, une partie de mai 1968. En fait, l'OCI n'avait jamais été une organisation proche du mouvement de mai-juin 68, même si elle avait réussi à capter une part de l'énergie dégagée en attirant des jeunes comme moi dans ses rangs. Elle fonctionnait, bien au contraire, en se défiant de ce mouvement, combattant sans relâche le « spontanéisme » et ses

1. J'ai développé cette question dans *Les Guerres sans fin. Un historien, la France et l'Algérie*, Paris, Stock, 2008.

dérives dangereuses, en particulier le passage à la lutte armée, qui a été la tentation de bien des groupes et organisations, y compris la Ligue communiste jusqu'à sa dissolution en 1973, et les maoïstes de la Gauche prolétarienne.

Engagement et intégration

C'est par mon histoire personnelle que j'ai essayé de répondre à cette énigme[1]. Issu de la communauté juive de Constantine, j'ai quitté l'Algérie en 1962 en partageant le sentiment de mes parents que c'était là un départ définitif. À mon arrivée en France, j'ai pratiqué l'évitement, forme subtile de l'assimilation culturelle, en ne parlant pas de mon identité de fils d'ouvrier, et de juif d'Algérie. Fils d'ouvrier, car ma mère était entrée à l'usine Peugeot de La Garenne-Colombes en 1964. Et c'est en travaillant dans l'été de 1968 dans son usine pour aider mes parents à payer mes études que j'ai découvert la réalité de la condition ouvrière, et non pas dans l'activité militante comme la plupart de mes camarades. Le terrible bruit des machines, l'insupportable chaleur des ateliers, la circulation de l'alcool et des bouteilles de bière (la Valstar), mais aussi la surveillance tatillonne des contremaîtres, et les refus absolus mais silencieux des ouvrières et des ouvriers. J'ai vu là, dans les mois de juillet et août 1968 (et cette histoire se répétera au cours

1. Voir, en particulier, *Les Trois Exils, juifs d'Algérie*, Paris, Stock, 2006 ; et, surtout, *Les Clés retrouvées. Une enfance juive à Constantine*, Paris, Stock, 2015.

des étés 1969 et 1970), le poids, l'importance de l'immigration dans la classe ouvrière française. La plupart des OS étaient des Kabyles arrivés d'Algérie dans les années 1950. Après la grève de l'usine de mai-juin 1968, ma mère était devenue, tout naturellement, déléguée CGT puisqu'elle parlait couramment l'arabe. Je n'ai jamais oublié ce passage dans l'usine de La Garenne-Colombes, que ce soit dans l'acharnement de mes études universitaires, pour sortir de cette terrible vie, ou dans l'engagement militant, dans l'empathie avec les oubliés, les « invisibles » de la société, parce que pauvres, ouvriers et immigrés.

La pratique militante et le discours du matérialisme historique me sont apparus comme une sortie de l'isolement. Si « nous sommes tous des juifs allemands » et si « les frontières, on s'en fout », il était alors permis d'intégrer les grands idéaux, de déplacer les solidarités. Cet engagement semblait s'inscrire dans l'espace d'une génération transfrontalière. La logique étroite des appartenances communautaires faisait place, dans mon esprit, à la pensée de la lutte des classes. L'attrait pour ce type de discours politique était ainsi, dans un premier temps, un soulagement, une libération, une sortie du ghetto construit par appartenance communautaire. Mais cette sortie du « communautarisme », comme on dirait aujourd'hui, ne manquait pas de me troubler (et me trouble encore). Dans leur livre *Génération*, Hervé Hamon et Patrick Rotman racontaient la fièvre des engagements chez de jeunes juifs au sortir de la Seconde Guerre mondiale : « Tous les samedis et dimanches se retrouvent autour de la place de la République des enfants juifs traumatisés par la guerre. Leurs familles se partagent entre rescapés qui éprouvent l'inavouable sensation d'être des survivants. Lorsque l'absolu malheur a frappé tôt, le reste de l'existence semble en sursis. Raison supplémentaire de vouloir modifier un monde qui a engendré l'horreur. Pour ces jeunes juifs, l'antifascisme est incarné par le Parti communiste. Dans le grand livre du Bien et du Mal, ils lisent avec une immense fierté les exploits des combattants de l'"Affiche rouge", des juifs révolutionnaires qui affrontèrent dans Paris même la Wehrmacht. Enfants de la guerre, ils deviennent par la biologie de l'histoire fils de Staline[1]. » J'ai fait la jonction avec cette ferveur militante, aveugle et passionnée, avec le sentiment très fort d'appartenance au camp des humiliés, aux côtés de ma mère ouvrière à l'usine, et des habitants de ce HLM de Sartrouville où vivaient les familles des ouvriers de l'usine Le Joint français. Une jonction va s'opérer entre ma mémoire juive, celle de la guerre d'Algérie, et une autre mémoire juive, celle de l'Occupation et de la Résistance. Celle aussi de la France de la Révolution française, de la République, des engagements fraternels, de la libération individuelle et collective, ce pays où l'on peut dire qui l'on est, d'où l'on vient, chose que je ne pouvais pas faire entre 1962 et 1968. Dans mes six années au lycée, je n'osais pas affirmer ma

1. Hervé Hamon et Patrick Rotman, *Génération*, tome 1, *Les Années de rêve*, Paris, Le Seuil, 1987, p. 49. On retrouve les biographies documentées des principaux acteurs d'origine juive, en 68, dans le livre de l'historien israélien Yaïr Auron, *Les Juifs d'extrême gauche en mai 68. Une génération révolutionnaire marquée par la Shoah*, Paris, Albin Michel, 1998.

singularité À partir de 1968, au contraire, c'est devenu un motif de fierté que d'affirmer : « Voilà, j'appartiens à une minorité », celle qui a connu les ravages de l'Histoire et veut trouver sa place dans la société française. Cela m'est apparu comme une véritable libération. Je pouvais dire que je venais d'un autre pays, et que j'étais un juif d'Algérie. Je pouvais le revendiquer ailleurs que dans les conversations au café, dans l'espace privé et les échanges familiaux, dans les rues de Paris. La multiplicité des origines se trouvait assumée avec fierté. Il me semblait qu'il s'était produit plus de choses en un mois que durant les sept ans qui avaient suivi mon départ de 1962. Et puis, comme à Alger dix ans plus tôt, il y avait des barricades au Quartier latin. Dans ces années d'engagement je me suis aussi éloigné des institutions communautaires juives traditionnelles. Comme le note justement l'universitaire israélien Yaïr Auron : « Dans les années 1960, alors que résonnait le slogan "Tout est politique", les institutions religieuses et communautaires, sclérosées et ennuyeuses n'apparaissaient pas comme un tremplin adapté vers la compréhension du monde et de soi-même. Les structures indépendantes et authentiques, comme les Éclaireurs israélites de France ou l'Union des étudiants juifs de France, perdirent ainsi beaucoup de leur influence[1]. »

Mai 68 offrait à la fois l'occasion d'entrer de plain-pied enfin dans la société française et la possibilité de critiquer la France. On pouvait alors dire

1. Yaïr Auron, *Les Juifs d'extrême gauche en mai 68*, *op. cit.*, p. 126.

que le pays s'était mal comporté envers ma famille. Bref, on pouvait s'intégrer et contester. Être dans une histoire française et vivre dans une autre histoire multiculturelle, s'inscrire dans deux logiques en même temps, celle de l'intégration et celle de la contestation. Le reste de ma vie intellectuelle et politique sera marqué par cette dualité appliquée à l'histoire de la France et à celle de l'Algérie, à l'histoire des juifs et à celle des musulmans, à l'histoire de l'immigration et à celle de la nation. Une façon de ne jamais rester cantonné à un seul récit.

Le documentaire *Le Chagrin et la Pitié*, interdit à la télévision mais qui sortira en salles dans les années 1970, a joué un rôle décisif dans mon esprit sur ce type d'engagement, plein de fureur. À la fois contre l'ordre voulu par la « société bourgeoise » et contre ceux qui refusaient de reconnaître les crimes du passé commis en France. Dans son témoignage sur son engagement militant dans les rangs maoïstes en 1968, le spécialiste du monde musulman Olivier Roy raconte : « Beaucoup de ceux qui avaient plus de vingt-cinq ans étaient des anciens du Parti communiste et un nombre important était d'origine juive ; ils s'étaient radicalisés très jeunes sur la question algérienne (en général, c'est là-dessus qu'ils avaient rompu avec le Parti communiste), pour devenir soit trotskistes, soit maoïstes sous l'influence de la Révolution culturelle chinoise, dont l'extrême radicalité fascinait ou révulsait. La Révolution culturelle leur permettait de doubler le Parti communiste sur sa gauche, tout en s'ancrant dans une nouvelle Internationale. En même temps, ils faisaient une sorte de complexe par rapport à la génération de la Résistance : les résistants étaient de vrais héros et, nous, nous devions nous inventer notre propre résistance, tardive et surfaite, ou imaginaire[1]. »

Dans l'après-68, je n'ai pas conservé de souvenirs particuliers de campagnes livrées par les formations trotskistes sur le sort singulier des juifs en URSS ou en Syrie, ni de débats autour de la politique de Vichy et du sort des juifs pendant cette période. Or, fait curieux, il y avait de nombreux militants d'origine juive ashkénaze à la tête des organisations trotskistes dans les années 1960-1970. La « lutte contre le fascisme » était fondamentale, dans les rues et les lycées, mais on ne parlait pas du génocide juif, de la Shoah. Il faut dire qu'à cette époque régnaient un grand silence dans les familles et une surdité dans la cité[2]. Ce n'était pas le moment d'en parler, un long moment qui dura plus de trente ans. Il a fallu attendre la fin des années 1970 pour qu'une partie de la génération qui était enfant pendant la guerre et celle qui était née après se tournent vers le passé lacunaire sur lequel planait l'ombre portée de la destruction. Le temps du travail de deuil est fondamental pour comprendre ce silence mais n'explique pas tout. Il faut aussi chercher dans la vie politique intérieure des formations trotskistes. Dans son autobiographie, l'ancien militant trotskiste, le mathématicien Laurent Schwartz

1. Olivier Roy, *En quête de l'Orient perdu. Entretiens avec Jean-Louis Schlegel*, Paris, Le Seuil, 2014, p. 39.

2. Voir Nicole Lapierre, *Le Silence de la mémoire. À la recherche de la mémoire des juifs de Plock*, Paris, Plon, 1980.

note à ce propos : « Dans l'ensemble de ses documents, la Quatrième Internationale, qui ne cessait de produire des textes de discussion entre les différentes parties du monde, n'employa le mot "juif" qu'une seule fois en six ans. Elle ignora totalement le génocide. Ce n'était pas une simple erreur. C'est une consciente et inexcusable position. » Plus tard, je tenterais de comprendre en quoi, dans notre combat fondé sur l'universalisme ouvrier, la classe ouvrière était perçue comme seule porteuse de l'avenir de l'humanité. Cette vision de l'universalisme ouvrier, reçue en héritage de l'universalisme des Lumières, s'opposait sans cesse à tout intérêt particulier, comme celui de la défense de minorités ethniques opprimées.

Mon engagement était aussi une période d'acculturation. Les lectures étaient nombreuses, à commencer par *La Révolution permanente* de Trotski, mais aussi les « austro-marxistes » sur la question nationale et le rôle des minorités, la conception de l'engagement politique avec Rosa Luxemburg, le rejet du stalinisme avec Victor Serge et son livre *S'il est minuit dans le siècle*, et les extraordinaires aventures de Jan Valtin, le marin communiste construisant l'Internationale communiste en allant de port en port (racontées dans son livre *Sans patrie ni frontières*). C'était une formidable ouverture, mais dans une langue particulière qui me faisait percevoir le monde et son histoire comme « l'histoire de la lutte des classes » et les événements contemporains comme autant de failles d'un système détesté, en train de mourir. L'amour des livres s'est vite transformé en fétichisation des textes canoniques.

Et l'on ne cessait, pendant ces Trente Glorieuses d'expansion économique, d'actualiser le *Programme de transition* écrit par Trotski en 1938, dans lequel on pouvait lire : « Les nouvelles inventions et les nouveaux progrès techniques ne conduisent plus à un accroissement de la richesse matérielle. » Tous les événements étaient compris à travers la même grille d'analyse. Mai 1968 n'avait été qu'une répétition générale d'une Révolution dont la venue était absolument certaine. Cet engagement était aussi fait du plaisir, et de la fierté, d'appartenir au cercle des initiés, à la « partie consciente et éclairée du prolétariat ». Dépenser autant d'énergie à préparer un processus historique aussi inéluctable que la révolution mondiale pourrait paraître contradictoire. Il n'en était rien puisque « le parti est l'expression historique consciente d'un processus inconscient », selon une formule de Trotski, reprise inlassablement par Pierre Lambert. Mais la conscience de l'« avant-garde », son omniscience, c'était ce qui permettait à l'organisation, au parti, d'avoir toujours raison.

Là est bien le problème d'un tel engagement. Car cette certitude, quand elle vient à disparaître, emporte tout avec elle. Nul hasard si c'est à la lecture de l'*Histoire intérieure du parti communiste* de Philippe Robrieux, sa biographie du leader communiste Maurice Thorez, que j'ai éprouvé des doutes vraiment sérieux sur la nature de l'organisation à laquelle j'appartenais. Ce que je lisais me semblait familier, en particulier les exclusions de militants et de dirigeants en désaccord avec la ligne « officielle ». Les exclusions de deux importants dirigeants, Charles Berg en 1979 et Stéphane Just en 1984, m'ont profondément ébranlé. J'étais confronté à l'échec d'une forme d'antistalinisme radical. Ce n'est pas un hasard non plus si le premier voyage que j'ai effectué en Algérie, en 1983, m'a éloigné un peu plus de mon engagement politique. Dans ce « retour », une autre histoire m'est apparue, plus sensible, faite de souvenirs d'enfance. Mon côté terriblement dans le présent, absolument volontariste, rejetant avec mépris toute forme de sensiblerie (ou ce que je crois être tel), s'est vite fissuré, puis fracassé au contact du réel.

Quelques années auparavant, déjà, au moment du dixième anniversaire de mai 1968, un premier « bilan » avait été esquissé, celui d'une fête triste. *Les Années orphelines (1968-1978)*, tel est le titre du livre de Jean-Claude Guillebaud paru aux éditions du Seuil : « Plantez-vous devant cette carte du monde et regardez d'un peu plus près. Partout se sont progressivement évanouies les grandes causes qui remuaient la jeunesse d'Occident. Dix ans après, voilà les mythologies évaporées, des certitudes en ruines, des combats loupés. Pendant dix années, l'actualité n'a cessé de tirer la langue aux slogans de 1968. » Déjà se dégage le sentiment de voir se désagréger les vérités militantes. La mise en place d'une nouvelle culture politique se dessine à la fin des années 1970, à travers des faits et des processus hétérogènes. À l'histoire politique des États s'ajoute la nécessité de définir l'importance de la démocratie ; à la bataille sociale, vient se joindre le nécessaire combat des droits de l'homme. Un souhait de responsabilisation personnelle s'affirme, avec la volonté de juger sur des engagements concrets, incluant les dimensions de la vie quotidienne. Et la distance s'opère avec des projets de radicalisme abstrait, des discours révolutionnaires en paroles mais ne débouchant pas sur des transformations réelles de la société. Trente ans plus tard, dans les années 2000, c'est encore cette attitude qui me guidera dans mon refus de la référence abstraite aux grands ancêtres de la lutte politique à gauche, brandie par le Parti socialiste, pour ne pas transformer réellement la société.

L'ÉVANOUISSEMENT PROGRESSIF DES CERTITUDES

Dès le début des années 1980, après la prise de conscience des effets du léninisme dans la conception future de la société (autoritarisme, parti unique, risque de mise « en caserne » de toute une société), m'est apparu un autre refus : celui de la professionnalisation de la politique. Nous avions toujours dénoncé les « déviations » nées de la bureaucratisation du Parti comme facteur d'explication décisif du phénomène stalinien après la révolution russe de 1917 et la défaite de l'opposition de gauche dirigée par Trotski en 1927 ! Je ne comprenais donc pas pourquoi les responsables qui m'entouraient étaient eux-mêmes des « permanents » depuis de nombreuses années. Fait encore plus troublant : je voyais que les responsables étudiants qui dirigeaient l'UNEF-ID après le congrès de réunification de 1980 à Nanterre avaient pour la plupart, également, abandonné leurs études, en première ou seconde année de faculté. Ils s'orientaient presque naturellement vers une vie professionnelle tout entière « enfermée » dans la vie syndicale ou sociale du monde étudiant. Je ne voulais pas être un « étudiant à vie », d'autant que j'étais issu d'un milieu social défavorisé. Des responsables investis dans le fonctionnement de l'UNEF-ID, des élus dans des conseils de gestion des universités, et occupant au nom du syndicat des postes à la mutuelle étudiante, la MNEF, dans des œuvres sociales comme le CROUS, ou l'Office de tourisme universitaire (OTU), ont poursuivi leur parcours dans l'univers étudiant lié au syndicalisme de leur jeunesse sans basculer dans une autre vie active[1].

En 1981, j'ai cessé d'être un permanent de l'OCI. Quatre ans après, j'ai quitté l'organisation avec d'autres militants. Dans *La Dernière Génération d'Octobre*, j'ai essayé dans mon propos de ne manifester ni regret, ni véritable nostalgie. Mais, au vu de ce qui se passe aujourd'hui, je ne peux m'empêcher d'éprouver une certaine tristesse. Ce livre est une suite de ces années révolutionnaires où un héritage politique s'est progressivement perdu. Ma tristesse ne vient pas seulement d'un constat d'échec par rapport à l'accession au pouvoir de la gauche traditionnelle, mais plutôt d'un sentiment d'enlisement des idéaux du socialisme. Cette difficulté à les redéfinir. Et, membres d'une avant-garde à l'époque audacieuse, mes anciens amis des années post-68 sont devenus les porteurs encombrants d'un passé figé qui ne passe plus auprès des jeunes générations. Plus troublant : en

1. Sur cet aspect, voir l'article de Robi Morder dans les *Cahiers du Germe* (travaux sur l'histoire des mouvements étudiants), en 2004.

m'interrogeant sur l'épuisement du destin du communisme, j'ai perçu mon engagement passé comme un mélange d'idéalisme et d'aveuglement, de romantisme et d'une inquiétante volonté de pureté, d'intelligence et de dogmatisme que l'on retrouve dans une partie de la jeunesse d'aujourd'hui, emportée dans l'engagement sanglant et sans issue du djihadisme. Et quelques années après, je me suis dit, silencieusement : « Heureusement que n'avons pas pris le pouvoir. »

2

Vers le Parti socialiste

Au cours de l'année 1985, j'ai appris l'existence d'une fraction secrète dans l'OCI dirigée par Jean-Christophe Cambadélis, devenu membre du bureau politique de l'organisation trotskiste. L'objectif de ce dernier était de quitter l'OCI et de construire une « tendance de gauche » dans le Parti socialiste, c'est du moins ce qu'il expliquait aux militants pour les convaincre. Mon esprit, à ce moment-là, était vraiment ailleurs, occupé à la préparation de mes cours à Jussieu et à la rédaction de mon volumineux *Dictionnaire biographique de militants nationalistes algériens* publié en juillet 1985. Je me suis peu à peu investi dans cette aventure. La structuration de la fraction clandestine sur le modèle du FLN que j'aurais proposée, reproduite dans des livres ou des articles de presse, est une fable. En fait, cette fraction se structura sur le modèle des « mains » du service d'ordre où les étudiants de l'OCI occupaient une place prépondérante : cinq militants réunis sous les ordres d'un responsable. Je n'occupais plus du tout de responsabilités politiques à ce moment-là, mais je pense que ma simple présence, comme celle de Jean Grosset alors responsable syndical enseignant, a joué un rôle important dans l'adhésion de nombreux militants à cette fraction secrète.

Le 1er décembre 1985, le PCI a décidé de lancer le Mouvement pour un parti des travailleurs (MPPT), alors que la fraction secrète avait déjà recruté beaucoup de monde à l'intérieur de l'organisation. La rupture a été effective le 14 avril 1986, lorsque Jean-Christophe Cambadélis (« Kostas ») envoya une lettre de démission, signée par six autres responsables. Peu après, en avril 1986, j'ai quitté officiellement le PCI, avec quatre cents autres militants, dont beaucoup appartenaient au monde étudiant et enseignant. Cela se passait au moment de la défaite de la gauche aux élections législatives, et du début de la « cohabitation » entre Jacques Chirac et François Mitterrand. Alors que ces militants proclamaient la création de Convergences socialistes, dans une réunion à Clichy le 7 juin 1986, Jacques Chirac devenait le Premier ministre de cette première cohabitation de l'histoire de la Ve République.

En avril 1986, nous formions une troupe de plus de quatre cents militants disposant d'une vieille expérience politique. Une grande majorité d'entre eux venait du mouvement étudiant. Mais il y avait également des instituteurs, des militants du monde enseignant, notamment ceux issus de la FEN, passés ensuite dans Force ouvrière après une scission en 1984. La nouvelle organisation en partance vers le PS s'appelait « Convergences socialistes ». Elle s'appuyait essentiellement sur deux pôles : l'UNEF-ID, le syndicat enseignant de Force ouvrière, emmené par Jean Grosset, et aussi d'autres militants comme le mathématicien Michel Broué ou le metteur en scène Bernard Murat. J'avais quitté toutes mes responsabilités politiques à l'OCI en 1984. Mais le rôle que j'avais joué dans les années précédentes dans le milieu étudiant avait incité Jean-Christophe à me contacter pour former une tendance. Tendance évidemment clandestine, compte tenu des pratiques bureaucratiques de l'OCI, que nous allions créer durant l'année 1985.

Nous nous sommes réunis à plusieurs reprises à mon domicile, toutes fenêtres fermées pour éviter d'être espionnés éventuellement par des militants restés fidèles à la ligne de la direction. C'est dire l'atmosphère paranoïaque qui régnait. Notre idée était de constituer une fraction de gauche à l'intérieur du Parti socialiste. En s'appuyant sur deux références. Une lointaine, le souvenir de la bataille menée par Marceau Pivert au moment du Front populaire en 1936, lorsqu'il avait créé une tendance de la gauche populaire, la gauche socialiste, opposée à la majorité emmenée par Léon Blum. Et une autre plus récente, au Brésil, où nos camarades trotskistes avaient joué un grand rôle dans la construction du Parti des travailleurs (PT), sous la conduite de Lula. Dans un cas comme dans l'autre, l'objectif était la création d'un vaste et nouvel espace d'une gauche rassemblée, et restée fidèle aux idéaux du socialisme démocratique. Donc opposée à la ligne officielle suivie par le Parti socialiste depuis le tournant « vers la rigueur » proposé par le gouvernement de Pierre Mauroy en 1983. Pour cela nous avions pris contact avec ceux qui étaient déjà entrés au Parti socialiste, en particulier Jean-Luc Mélenchon et Julien Dray, lesquels avaient milité dans des organisations d'extrême gauche mais avaient rejoint le PS. À la fin des années 1970 pour Jean-Luc Mélenchon, et en 1982 pour Julien Dray.

J'ai donc rencontré Jean-Luc Mélenchon au palais du Luxembourg en tête à tête, au début de l'année 1986. Bien des points me rapprochaient de lui. Nous avions exactement le même âge, et il était né au Maroc de parents originaires d'Algérie. Sa famille était de condition modeste. Il avait été un trotskiste de l'OCI, en même temps que moi, en 1969, et nous nous étions croisés quelques fois dans les années 1970. Sous le pseudonyme de « Santerre », il avait été le responsable de l'OCI à Besançon, et il avait intégré le Bureau national de l'UNEF-Unité syndicale (le syndicat étudiant dirigé par l'OCI) en 1974. Il était alors responsable syndical tandis que je dirigeais le travail étudiant de l'OCI. Il était entré membre du Parti socialiste bien avant nous, depuis 1980 ou 1981, et il avait fait carrière dans l'ombre de Claude Germon, maire de Massy. J'ignore quand il avait rompu sur le plan organisationnel avec le trotskisme. Conseiller général de l'Essonne en 1985, puis plus jeune sénateur de France en 1986, il avait une réputation de tribun, d'homme ferme dans le combat pour l'égalité, la république et le socialisme. Je savais que c'était aussi un militant érudit dans les domaines de l'histoire et de la philosophie. Et un dirigeant de grande qualité disposant d'un charisme indéniable sur les militants.

Mais en cet hiver 1986, Jean-Luc Mélenchon m'est apparu sous un autre jour. J'ai découvert un homme connaissant bien les arcanes du PS, les manœuvres d'appareil, les postures des uns et des autres. Nous avons déjeuné longuement, puis marché dans les jardins du Sénat près du palais du Luxembourg. Au cours de cette déambulation, en l'écoutant, j'ai pensé qu'il avait conservé du lambertisme une matrice culturelle facilement repérable dans ses propos : le goût de l'avant-garde fortement structurée, même s'il se défendait de toute conception léniniste de l'« avant-gardisme » ; la volonté d'hégémonie politique vis-à-vis des autres courants, groupes ou organisations qu'il fallait rallier à la cause du Parti socialiste ; ou encore la défiance à l'égard de la presse et l'attrait du secret. Ce qui le différenciait, à l'époque, fortement des amis de Julien Dray, venus de l'autre branche du trotskisme, et qui ne juraient que par l'utilisation de l'outil médiatique pour faire de la politique autrement. Il nous proposait de militer avec lui dans le Parti socialiste pour construire une tendance de la « gauche socialiste ». Il me semblait fort convaincant, d'autant que je n'avais pas rompu avec cette culture de l'avant-gardisme, du cloisonnement, pour agir et influencer. Son discours était un mélange de révolutionnarisme maintenu, et de déférence à l'égard de François Mitterrand. Et c'est là où, pour moi, il y avait un problème. Par mon travail sur l'histoire de l'Algérie, j'avais appris à connaître qui était François Mitterrand devenu président de la République. J'en ferais un livre, vingt ans plus tard, *François Mitterrand et la guerre d'Algérie*, avec François Malye, où est évoquée son attitude comme garde des Sceaux, en particulier lorsqu'il avait approuvé la condamnation à mort et la guillotine pour plusieurs dizaines de militants algériens[1]. Cette proximité idéologique de Jean-Luc Mélenchon avec François Mitterrand me gênait. Même si, bien sûr, nous savions qu'il fallait composer avec cette histoire ancienne en entrant au Parti socialiste, à l'époque fortement sous l'emprise du président de la République.

Julien Dray était un autre militant important, qui avait été trotskiste comme nous, mais à la Ligue communiste révolutionnaire. « Juju », comme l'appelaient les intimes, avait rejoint le Parti socialiste en 1982, avec Didier François, Harlem Désir, Laurence Rossignol et d'autres encore. Avant nous au PS, ils pouvaient apparaître en concurrence avec nous. En particulier au moment de la création de SOS Racisme, nous reprochant de vouloir « diriger » la jeunesse scolarisée par l'intermédiaire de l'UNEF-ID. J'avais connu Julien Dray lorsqu'il dirigeait la grève des étudiants à Villetaneuse en 1976, contre la « réforme du second cycle » décidée par la ministre de l'époque Alice Saunier-Seïté. Ensuite, dans les batailles pour les droits des étudiants étrangers menacés par la « circulaire Bonnet » en 1980, et surtout au moment de la réunification de l'UNEF,

1. François Malye et Benjamin Stora, *François Mitterrand et la guerre d'Algérie*, Paris, Calmann-Lévy, 2010. Ce livre sera adapté pour la télévision par Frédéric Brunnquell en 2011.

en 1980-1981, lorsqu'il dirigeait le syndicat MAS (Mouvement d'action syndicale) qui fusionnera avec nous. C'était un bon orateur, sachant apprécier les réactions étudiantes dans un amphithéâtre ou dans les manifestations de rue. Capable aussi d'analyser les mouvements dans la jeunesse et, ainsi, d'anticiper clairement les importantes mobilisations antiracistes des années 1980. Il sera le vrai créateur de SOS Racisme. Son histoire a déjà été racontée dans de nombreux ouvrages, dont celui de Taly Jaoui et Philippe Velilla. Ils disent bien son entrée et son parcours dans le PS. Après la victoire de François Mitterrand en 1981, Julien Dray et un groupe de militants de la LCR décidaient de rejoindre le PS. Ils fondèrent une mini-tendance, Questions socialistes, qui restera longtemps à la marge du PS. Minoritaires à l'UNEF-ID, et au sein du PS, Julien Dray et ses amis n'arrivaient pas à sortir de leur isolement. Mais le militantisme à l'UNEF-ID, et les rapports avec la MNEF, permettront néanmoins à Julien Dray et à ses amis de côtoyer des dirigeants du PS, « de tisser des liens, de connaître les circuits de financement parallèles, toutes choses qui leur seront bien utiles par la suite[1] ». Mais je ne comprenais pas la façon dont il avait construit SOS Racisme en sous-estimant les organisations « beurs », pourtant à l'origine de la bataille pour l'égalité des droits. Notamment après la fameuse marche de 1983, et ensuite celle de 1984, dites « Marche pour l'égalité ». Il me semblait injuste et dangereux de ne

1. Taly Jaoui et Philippe Velilla, *Génération SOS Racisme. Heurs et malheurs d'une génération morale*, Paris, Le Bord de l'eau, 2015, p. 45-47.

pas tenir compte de cette force militante nouvelle qui surgissait dans les banlieues, en mettant de côté l'ensemble de ces organisations. J'avais déjà le sentiment qu'un jour nous aurions malheureusement à le payer cher. C'est ce qui est arrivé plus tard lorsque, dans les années 1990, plusieurs dirigeants de ces marches massives de « Beurs » se sont retournés contre la gauche, contre le Parti socialiste et contre SOS Racisme. Aujourd'hui encore, je m'interroge : comment les anciens de la Ligue communiste, dont « Juju » faisait partie, adeptes de la théorie des « nouvelles avant-gardes » porteuses de nouveaux combats de société (comme les questions touchant aux apparitions des générations issues des immigrations postcoloniales) avaient-ils pu à ce point se détourner de l'originalité des « mouvements beurs » ? Bref, en dépit de ces contacts, nous avons préféré construire notre propre courant. D'autant que notre tendance à l'hégémonisme persistait, même s'il était encore bien difficile de le reconnaître. Et c'est là que nous nous sommes heurtés à une autre difficulté, et non des moindres : Lionel Jospin, à l'époque premier secrétaire du Parti socialiste, était toujours, en 1985-1986… en contact étroit avec l'OCI. Nous étions quelques-uns à le savoir, Jean-Christophe Cambadélis, Michel Broué, et moi-même. Lionel Jospin était entré dans l'Organisation dans les années 1960, peu avant la fin de la guerre d'Algérie. Il avait notamment fréquenté la cellule du mathématicien Michel Broué, qui nous avait suivis dans cette aventure de 1986. La tâche était donc redoutable : comment agir dans le Parti socialiste, alors que Lionel Jospin était encore, à ce moment précis, vraisemblablement en contact avec la direction de l'OCI, et pouvait concevoir notre démarche avec méfiance ? Je me souviens de la première réunion que nous avons eue avec lui, dans son bureau de premier secrétaire, rue de Solférino. Notre délégation était composée de Jean-Christophe Cambadélis, Bernard Murat, Michel Broué, et moi-même. Nous avons attendu un peu avant que le premier secrétaire ouvre la porte, passe la tête et... referme aussitôt. Il ne l'a réouverte que de longues minutes après. Lionel Jospin était mal à l'aise du début à la fin de cet entretien. Je ne l'avais jamais rencontré auparavant. Il ne nous proposait rien sur notre place dans le PS. Il s'adressait à nous avec difficulté, réticence, refusant toute « intimité » ou complicité sur le récit des combats passés. Celui que nous appelions « le frisé » s'était éloigné de l'organisation trotskiste, se contentant simplement de voir Pierre Lambert de temps à autres. Pourquoi une telle réaction ? Avait-il peur d'une « dénonciation » possible de sa vie d'avant ? Craignait-il que notre groupe ne vienne occuper trop vite une place de direction dans un parti peu habitué à l'arrivée de nouveaux militants « gauchistes » ? J'avais en tout cas l'impression d'un dialogue de sourds.

Je garde de ce rendez-vous rue de Solférino un sentiment d'étrangeté, à cause de l'accueil réservé du « frisé », mais aussi de mon étonnement en découvrant cet hôtel particulier du 7e arrondissement, à deux pas de la Seine. Rien à voir avec le local de la rue du Faubourg-Saint-Denis situé dans un quartier populaire du 10e arrondissement, à Paris. J'ai été surpris par l'endroit, par les nombreuses secrétaires, par le côté « établi » du lieu. J'avais l'impression diffuse que ce n'était pas mon monde. Mais on m'avait expliqué que le PS étant un parti de parlementaires, il fallait être tout près de l'Assemblée nationale par souci d'efficacité. À cet argument, s'ajoutaient des références à des grandes figures du passé : Jaurès et Blum n'étaient-ils pas eux aussi issus de milieux « bourgeois » ? Cela ne les avait pas empêchés de combattre pour la justice et l'émancipation des classes populaires. J'acceptais ces arguments. C'est bien plus tard que l'inadéquation entre ce lieu et les milieux que le PS était censé défendre, et représenter, me semblera évidente.

Nous avions donc des difficultés à nous positionner à l'intérieur du Parti socialiste et de sa direction, mais il y avait les militants étudiants socialistes, que nous avions côtoyés dans la construction et le rassemblement de l'UNEF-ID proclamé à la faculté de Nanterre en 1980, et qui pouvaient nous aider.

Plusieurs militants socialistes nous ont apporté leur appui. Jean-Marie Le Guen, un des responsables de la fédération de Paris du PS a été le plus actif. Jean-Loup Salzmann, dont le père, Charles Salzmann, était un proche du président de la République, nous a accompagnés. De même que les dirigeants de la MNEF de l'époque, tels Jean-Michel Grosz ou Olivier Spithakis. « Étudiants mitterrandistes », ils appartenaient à la majorité du Parti socialiste et, après la victoire de 1981, ils occupèrent des postes de direction. Un autre courant, que nous avions connu au moment de la réunification de 1980, était rocardien. Il s'y trouvait notamment

Stéphane Fouks, qui en était le principal responsable, Alain Bauer, chargé au bureau national de l'UNEF-ID des questions de sécurité, notamment pour l'organisation des manifestations de rue ; et enfin, un peu plus tard, le jeune Manuel Valls. Ces militants étudiants des années 1980, mitterrandistes et rocardiens, ont permis à notre groupe de se faire admettre par d'autres responsables socialistes. Encore une fois, le milieu étudiant restait le lieu principal de notre socialité, le centre d'une activité politique intense. L'idéal générationnel poursuivi devenait matière à fabriquer une image et une histoire communes. Les souvenirs forgés dans l'après-68 fonctionnaient comme des références nécessaires à l'élaboration d'une vie politique. Il y avait en nous une volonté évidente de rester ensemble, de poursuivre, soudés, une histoire commune.

Une suite d'histoires ?

L'idée que je me faisais alors du Parti socialiste était celle d'un parti moderne, et profondément rénové après le congrès d'Épinay de 1971, ce fameux congrès de « l'unité des socialistes » qui s'était tenu à Épinay-sur-Seine (en Seine-Saint-Denis), du 11 au 13 juin 1971. C'était une idée un peu simpliste qui s'est largement imposée mais sur laquelle il faut revenir si l'on veut comprendre comment le PS a finalement absorbé l'héritage de 68. La gauche était alors éparpillée en clubs et petites organisations, minée par les rivalités et les conflits de générations, mais dominée par deux grands partis : la SFIO (Section française de l'Internationale ouvrière), dirigée par Guy Mollet (1905-1975), ancien président du Conseil pendant la guerre d'Algérie, et le PCF (Parti communiste français). La guerre d'Algérie avait profondément divisé les socialistes, entre ceux qui restaient des partisans obstinés de l'Algérie française et conduiraient la répression pendant la « bataille d'Alger » en 1957, et les partisans de l'indépendance, emmenés par le jeune Michel Rocard. Le retour au pouvoir du général de Gaulle va accentuer les fractures dans leurs rangs. François Mitterrand, qui n'est pas socialiste, s'imposera progressivement comme un des leaders de la gauche non communiste, en devenant le candidat mettant le général de Gaulle en ballottage en 1965. Pierre Mendès France était l'autre grand leader de la gauche non communiste en étant membre d'une nouvelle gauche, le Parti socialiste unifié (PSU), né d'une scission dans la SFIO par refus de la politique algérienne de cette dernière en 1956-1958. La grève générale de 1968 accélérera la crise de la SFIO.

En fait de rénovation, de renouvellement ou de modernité, on avait surtout assisté, à ce fameux congrès d'Épinay, à une bataille autour du contrôle d'un appareil agonisant après la déroute de l'élection présidentielle de 1969[1], avec un changement

1. Après le retrait du pouvoir du général de Gaulle, la victoire de Georges Pompidou à l'élection présidentielle de juin 1969 se fait dans des circonstances assez particulières, puisque aucun candidat de gauche n'accède au second tour. La SFIO, avec son candidat Gaston Defferre, obtient 5,01 % des voix, talonnée par le PSU de Michel

de sigle. Il va pourtant se transformer en mythe fondateur d'un nouveau commencement de la « gauche moderne ». Après la mémorable défaite à l'élection présidentielle de 1969, où la SFIO sous la conduite de Gaston Defferre avait obtenu 5,01 % des voix, il fallait présenter un autre visage. Le congrès d'Épinay offrait un autre récit au moment où l'existence de la vieille communauté sociale-démocrate était menacée. Il fut surtout l'occasion de la prise du pouvoir de la SFIO par François Mitterrand, ancien ministre de IVe République. Un accord s'est vite dessiné entre notables socialistes du Nord-Pas-de-Calais et des Bouches-du-Rhône sous la houlette de Guy Mollet, avec les jeunes loups du CERES emmenés par Jean-Pierre Chevènement s'abritant sous le masque d'un marxisme intransigeant. Le sigle « SFIO » fut abandonné, et celui de « PS » adopté. C'était la seule véritable nouveauté d'une communication réussie.

Le renouvellement viendra en fait trois ans après, au moment de l'entrée au PS des amis de Michel Rocard, qui apporteront le souffle de mai 1968. Avec l'apparition dans la vieille social-démocratie de thèmes comme ceux de l'écologie, du féminisme, de l'autogestion, de la défense des immigrés ou des homosexuels. Et s'appuyant sur une organisation syndicale très puissante, la CFDT, qui pouvait contrer une CGT alors sous l'emprise communiste. Là était le vrai changement. Mais, très vite, François Mitterrand, soutenu par sa jeune garde formée par

---

Rocard qui obtient 3,61 % des voix. Jacques Duclos, candidat du PCF, obtient 21,27 % des voix.

des militants du CERES et des jeunes énarques très jacobins, se lança dans la bataille contre l'« aile droite du parti », les rocardiens, alors qualifiés d'artisans d'une « gauche américaine ». Le clivage, « démocrates contre républicains », trouve ici son origine. Dans ces années 1970 nous étions, bien entendu, du côté de François Mitterrand et contre Michel Rocard, considéré comme l'homme de la « deuxième gauche », de la CFDT, et, pour reprendre le langage de Force ouvrière (le syndicat dans lequel l'influence des lambertistes était considérable), celui qui introduisait la « doctrine sociale de l'Église » contre les acquis du mouvement ouvrier. En entrant au PS en 1986, nous avions donc une perception positive des mitterrandistes.

Il ne faut pas oublier non plus qu'à partir de l'échec de l'Union de la gauche à l'été 1977, les rapports de force construits dans l'après-1968 s'étaient inversés à l'extrême gauche. Commençait alors une période faste, intense pour l'OCI, une grande période. Il faut se rappeler que l'organisation était engagée dans une politique d'unité entre le PS et le PCF. Or le PCF avait rompu les accords de l'Union de la gauche, en septembre 1977, après le succès aux élections municipales de mars 1977. À cette époque, nous apparaissions (notamment dans les universités, mais sans jamais le formuler explicitement) comme une « tendance de gauche » du Parti socialiste en étant les plus ardents défenseurs de l'unité entre le PS et le PCF, au nom de la vieille orientation trotskiste pour le « front unique ». Cela nous valait une audience extrêmement importante sur le plan politique qui se traduisait, sur le plan syndical, par un renforcement de ce que l'on appelait l'UNEF-Unité syndicale, que nous transformerons ensuite en UNEF-ID en 1980.

Si paradoxal que cela puisse paraître, en 1986, nous avions l'impression de poursuivre notre ancienne histoire des années 1970. Pour nous, il n'y avait pas de rupture franche avec notre passé. Cela tient notamment au fait que cette séparation avec le trotskisme s'est opérée au moment de l'installation de la cohabitation entre François Mitterrand et Jacques Chirac, qui devenait son Premier ministre. Grâce aux contacts que nous avions noués avec l'Élysée, en particulier avec le secrétaire général Jean-Louis Bianco, nous pouvions continuer, avec la direction du syndicat étudiant UNEF-ID, nos batailles politiques antérieures. Le PS n'était plus au pouvoir, et le retour « aux affaires » de la vieille droite traditionnelle, très réactionnaire, nous motivait.

Nous avons effectivement bataillé dans plusieurs directions. D'abord contre le projet voulu par Alain Devaquet, ministre à l'époque de l'Enseignement supérieur. Très contesté en novembre et décembre 1986 lors d'un vaste mouvement étudiant et lycéen, notamment marqué par la mort de Malik Oussekine[1], le projet sera retiré le 8 décembre 1986. Nous disposions dans cette bataille d'un outil politique décisif, l'UNEF-ID. Ce qui nous permettait, aussi, de marginaliser le courant qui avait

1. Malik Oussekine, étudiant franco-algérien âgé de 22 ans, est tué au moment d'une manifestation étudiante contre le projet Devaquet. Une manifestation en sa mémoire, le 10 décembre 1986, rassemblera près de 500 000 personnes. Le gouvernement abandonne quelques jours plus tard son projet de réforme.

émergé avec Julien Dray au moment de la création de SOS Racisme. Les militants du syndicat ont été à l'origine des manifestations et des grèves dans toutes les universités du pays. D'où, encore une fois, le sentiment d'une continuité, avec assemblées générales massives d'étudiants, « coordination des facultés en lutte », manifestations de rues, prises de parole enfiévrées dans les amphithéâtres. Une suite logique de notre passé mais cette fois-ci proche du PS, où nous n'avions pas encore fait notre entrée officielle. Nous voulions pour cela arriver en position de force, après avoir construit cette organisation intermédiaire que nous avions baptisée « Convergences socialistes ». La convergence, comme au temps de la réunification de l'UNEF, de plusieurs courants, mitterrandiste, rocardien, ou anciens gauchistes de diverses obédiences. Mais tout en restant majoritaires, évidemment, tant nous étions convaincus des vertus de l'hégémonie.

L'autre bataille, et là j'étais directement placé en première ligne, était menée contre la réforme du code de la nationalité voulue par Charles Pasqua, le redoutable ministre de l'Intérieur de l'époque. La droite au pouvoir voulait profondément le réformer, notamment en supprimant le droit du sol. Je me suis donc investi dans ce combat avec d'autres amis, d'autres camarades qui étaient très impliqués dans cette lutte pour l'abrogation de ce projet, parmi lesquels avec le militant associatif Khaled Melhaa ou Nacer Kettane, l'un des fondateurs de Radio Beur. Nous avons organisé un grand meeting à la Mutualité à la fin de 1986 contre la « réforme du code de la nationalité ». Bref, avec ces luttes dans cette année de sortie de l'OCI, il n'y avait pas encore dans nos esprits le sentiment d'un basculement vers la social-démocratie. C'était la suite de nos engagements, même si elle se voulait plus « réformiste », plus « réaliste », sans volonté de transformation radicale ou violente.

La décision de notre sortie de l'OCI en mars 1986 a été très rapide. Un certain nombre des militants de notre tendance clandestine commençaient à parler, à se faire repérer. Nous savions que le risque était grand d'une démoralisation, par processus d'exclusion individuelle. C'est pourquoi nous avons acté le processus en mars 1986 par une déclaration que nous avons envoyée directement à Pierre Lambert. Ce dernier a d'emblée perçu l'importance de cette scission notamment par la perte quasiment généralisée du travail étudiant et donc de l'UNEF-ID. Pierre Lambert a toujours été très sensible, tout au long de sa vie militante, à la question syndicale. Une grande partie de sa trajectoire politique s'était passée à l'intérieur du mouvement syndical, d'abord à la CGT, puis dans Force ouvrière. Il connaissait l'importance du syndicat dans la construction d'une force politique. C'est pourquoi, dans un premier temps, il n'a pas décidé d'exclure ceux qui avaient pris une telle initiative de rupture.

Ce départ ne se réclamait pas, comme c'était la tradition, d'une dénonciation « de gauche » de la direction de l'organisation, accusée de compromission et de faiblesses face aux « appareils » politiques et syndicaux de gauche. Cette fois-ci, la scission s'opérait à droite, par la volonté d'entrer au Parti socialiste. Ironie et retour d'histoire : trente ans plus tard, en 2016, le Parti socialiste, dirigé cette fois par Jean-Christophe Cambadélis, connaîtra à son tour une scission sur « sa droite » permettant la victoire d'Emmanuel Macron à l'élection présidentielle de 2017… Revenons à 1986. Pierre Lambert a décidé d'envoyer des émissaires pour discuter avec nous, pour calmer le jeu, pour « reprendre la main » comme on disait alors. L'un de ces émissaires était Pierre Fougeyrollas. J'aimais beaucoup Pierre, c'était un ami, nous étions ensemble à l'université de Paris-VII Jussieu. J'admirais son érudition, sa faconde, son talent oratoire. Lambert savait que Pierre Fougeyrollas avait toute mon affection. Nous nous sommes donc réunis pour savoir s'il fallait donner suite à cette demande de rendez-vous, que Pierre Lambert proposait dans l'appartement de Pierre Fougeyrollas, donc en terrain neutre. Jean-Christophe Cambadélis a refusé toute rencontre avec l'OCI. J'avais été surpris à l'époque par ce refus radical de tout contact. Peut-être était-il déjà très engagé de son côté, et depuis plus longtemps, avec des responsables du Parti socialiste ?

Pendant de nombreuses années, de 1976 à 1985, nous étions très liés, et politiquement très complices, Jean-Christophe et moi. Je l'avais recruté à l'Alliance des jeunes pour le socialisme (AJS) à l'université de Nanterre en 1970. Ensemble, lui à l'UNEF et moi au « parti », nous définissions la ligne politique du « travail étudiant », et l'attitude à adopter à l'égard des autres membres de la direction. Dans notre volonté de transformation radicale du monde, nous partagions le même refus de l'argent-roi, le même dédain pour les vieux appareils politiques de la gauche traditionnelle, qui, à nos yeux, tentaient en vain de colmater les brèches ouvertes par le flot grossissant des révolutions. Jean-Christophe faisait aussi preuve d'un indéniable courage physique dans les batailles de rue contre les fascistes ou les staliniens. Et nous étions ensemble au premier rang de ces affrontements physiques. Aux yeux des militants, nous étions inséparables dans l'action et dans la définition de nos engagements. Lorsque j'ai quitté la direction de la « Fédérale étudiante » (la structure nationale du travail étudiant) pour enseigner à l'université en 1982, il a quitté lui aussi la présidence du syndicat l'année suivante. Et c'est encore ensemble que nous avons préparé la sortie de l'OCI en 1985. Mais à notre entrée au Parti socialiste en 1986, j'ai découvert un autre aspect de sa personnalité. Très au courant déjà des conduites d'appareil et de la place à avoir au sein du PS, il était lié au responsable de la fédération de Paris, Jean-Marie Le Guen. Il devait donc être bien renseigné sur les moyens d'obtenir une investiture pour devenir député, indispensable tremplin pour une carrière dans le PS. Il se tournait vers la politique professionnelle. Je m'absorbais de plus en plus dans mon travail universitaire. Nous nous sommes progressivement perdus de vue à partir de 1988, au moment de la maladie de ma fille qui m'a éloigné de tout cadre politique.

En 1986, les ponts étant complètement coupés, Pierre Lambert a changé de tactique. Les responsables de l'OCI faisaient croire, dans le milieu politique parisien, que nous étions des agents déguisés de l'OCI ; que cette sortie était en fait une opération astucieuse permettant à l'organisation de placer nombre de militants à l'intérieur du Parti socialiste. Des responsables d'extrême gauche, comme ceux de la Ligue communiste, ou du PS, comme les militants du courant poperéniste, avaient de grands doutes sur notre autonomie. Doutes d'autant plus vifs que les dirigeants qui partaient, dont je faisais partie, avaient auparavant manifesté un grand zèle dans la conduite des « affaires » (autrement dit des exclusions) de l'OCI pendant près d'une dizaine d'années. Pourtant, nous avions réellement rompu avec l'organisation et notre préoccupation était d'éviter les heurts physiques entre notre groupe en formation, et les militants restés fidèles à la direction de l'OCI. Ces heurts ont été évités, grâce aussi à la position de Pierre Lambert, à la différence d'autres scissions, d'autres départs, d'autres exclusions de cette organisation.

J'ai pris ma carte au Parti socialiste à l'été 1986. Ce même été, nous avons organisé une sorte de camp de formation des militants, en montagne, aux Arcs, avec des jeunes membres du Parti socialiste pour envisager l'avenir. Dans cette session, je me souviens de la présence de Manuel Valls, d'Alain Bauer, toujours rocardiens. Ils se sont investis dans la discussion générale. Également d'autres militants responsables socialistes sont intervenus, avec lesquels nous avons fondé le « Club des 101 ». Cette structure se voulait un mouvement intermédiaire, plus large que « Convergences socialistes » qui était en fait la fraction dure, décidée, convaincue de notre action à venir dans le PS. C'était une reproduction du modèle léniniste, avec noyau dur et « compagnons de route ». Mais, à la différence de nombre de militants sortant de l'OCI, je ne suis pas entré directement dans une section du Parti socialiste. Je suis devenu membre du PS par le biais du « groupe des experts », structure rassemblant des universitaires et des intellectuels se réunissant régulièrement rue de Solférino pour émettre des propositions à la direction du parti sur différents thèmes de société. C'est ainsi que j'ai fait partie de ce groupe consacré à la question déjà brûlante de l'immigration.

« Convergences socialistes »

D'avril 1986 à avril 1988, j'ai donc participé à la direction du groupe « Convergences socialistes ». D'autres, non étudiants, ont participé à la scission de 1986, et ont joué un rôle considérable dans ces années-là. Tels Jean Grosset, à l'intérieur de Force ouvrière, Michel Broué, dans les cercles universitaires, ou Bernard Murat, dans le monde du spectacle. La situation de notre groupe était particulière. Fortement majoritaire dans le milieu étudiant, « Convergences » était adossé à la base militante du mouvement étudiant, le syndicat UNEF-ID, et à la « Fédérale étudiante » que j'avais longtemps dirigée. Mais nous n'étions pas connus dans l'univers socialiste, à l'exception de Philippe Darriulat, président du syndicat UNEF-ID, pendant la grève étudiante contre la réforme Devaquet en 1986. Philippe Campinchi (chef du service d'ordre du mouvement étudiant) ou Marc Rozenblat (ancien président du syndicat) joueront aussi un rôle important. « Convergences socialistes » a fonctionné à partir d'avril 1986 de manière encore centralisée, avec un noyau étroit de dirigeants, et une base qui devait se contenter de suivre. Nous n'avions pas rompu, malgré les grandes déclarations sur la « démocratie à conquérir dans une nouvelle organisation », avec la faible participation des femmes à la vie du mouvement ; ni avec la pratique d'un centralisme de direction venu en droite ligne du léninisme. Le verticalisme dominait, les décisions tombaient « d'en haut » sur la base militante. Avec Jean-Christophe, j'ai ainsi négocié directement notre entrée dans le Parti socialiste, comme je l'ai raconté plus haut, avec Lionel Jospin, le premier secrétaire. Si les adhésions au PS, en rupture avec notre fonctionnement communiste antérieur, étaient individuelles, la négociation se jouera en fait dans un rapport de force permettant à notre groupe de se présenter, aux yeux des dirigeants et des militants socialistes, comme un collectif. Aussi l'entrée collective de « Convergences » dans le PS n'était-elle pas comparable avec celle, individuelle, de Julien Dray en 1982, lorsque ce dernier rejoindra le PS, avec Harlem Désir et Didier François. La structure « Convergences » existait quelques semaines avant l'adhésion au PS, alors que le groupe et la revue *Question socialiste*, autour de Julien Dray, n'étaient apparus qu'en 1986, pour « peser » au moment où

« Convergences » arrivait[1]. Jean-Christophe Cambadélis, seul et de son côté, négociera un poste au comité directeur du PS, ce que raconte Serge Raffy dans son livre consacré à Lionel Jospin[2].

Les membres de « Convergences socialistes », plus de quatre cents, étaient rompus aux pratiques militantes du communisme orthodoxe en vigueur dans le mouvement lambertiste depuis de longues années. D'autres militants, nouveaux, séduits par un vocabulaire très à gauche, rejoindront ensuite le groupe, tels l'historien Pap Ndiaye ou Pouria Amirshahi, qui deviendra député du Parti socialiste. « Convergences » disposait aussi de sa lettre de liaison, de ses propres locaux, d'un institut de réflexion qui rassemblait des intellectuels (le CEC, Cercle d'études contemporaines), mais également d'une association, hors du PS (« Plus jamais ça », dirigée par Philippe Campinchi), fondée à la suite de la mort de Malik Oussekine contre la réforme Devaquet, et visant, sans le dire, à concurrencer SOS Racisme. À l'intérieur du PS, le réseau « Convergences » tenait un discours « ouvert » avec les autres courants déjà existants, et cherchait à donner un sens et une unité à une nouvelle « génération politique » émergeant en opposition à la

1. « L'entrée de "Convergences socialistes" au Parti socialiste constitue probablement le cas le plus exemplaire pour un groupe étudiant de mode d'accès et de reconnaissance par les organisations politiques. L'accumulation de capitaux et de ressources extra-partisanes offre une arme lors de la négociation : arme d'autant plus efficace que ces capitaux seront plus complètement reconvertis à l'intérieur même de l'organisation », note la revue *Politix* dans sa livraison de l'année 1987. Voir aussi Karel Yon, « Modes de sociabilité et entretien de l'*habitus* militant », *Politix*, n° 70, 2005-2.

2. Serge Raffy, *Jospin, secrets de familles*, Paris, Fayard, 2001, p. 221.

génération de ceux qui avaient fait 68. Nous voulions représenter un nouveau monde politique en gestation, contre les vieux appareils.

Dans les grandes manifestations de la fin de l'année 1986, nous cherchions à favoriser l'essor d'un sentiment générationnel nouveau, même si la continuité se manifestait bien par cette volonté de conserver une hégémonie politique, contre et au détriment des autres groupes qui, comme nous, avaient cheminé de l'extrême gauche vers le PS. « Convergences socialistes » revendiquait le monopole de la représentation de cette génération. Hervé Hamon et Patrick Rotman, dans leur livre à succès publié en 1987, *Génération*, ne racontaient pas l'activité des trotskistes lambertistes, et parlaient surtout des militants maoïstes de la Gauche prolétarienne, et des trotskistes de la Ligue communiste (nos rivaux de la grande époque des années 1970). Or, c'était nous, désormais, qui avions le vent en poupe. Il y avait une forme de revanche, une volonté de montrer que, malgré l'effacement de notre histoire dans les récits de l'après-68, notre groupe était le plus conséquent, le plus influent, et avait survécu *sans le concours des médias*. Cette méfiance à l'égard des médias a fortement et durablement marqué les esprits des militants lambertistes. Nous nous vivions comme un mouvement et une génération capables de prendre la relève des soixante-huitards qui avaient failli dans leur tentative de modernisation de la société. Génération déjà vilipendée par Guy Hocquenghem, dont le livre circulait beaucoup alors. En cette année 1986, celle de notre « nouvelle entrée » en politique, ce livre-réquisitoire m'avait beaucoup impressionné, par son ton et son verdict impitoyables :

« Chers congénères, nous sommes une génération maudite, stérile et sèche, figue avortée que jette à terre le vent du réalisme ! Éternels jeunes, jeunes vieux qui étendent sur l'avenir le noir manteau de leur impuissance, dernière génération d'une démographie épuisée ! D'éternels jeunes de quarante et plus années, d'éternels sursitaires, d'éternels leaders étudiants, petits chefs qui n'ont gardé de leur jeunesse que ce qu'elle offrait de pire : l'immaturité sentimentale et la fascination pour les méthodes de l'ambition, mais ni le goût de l'affrontement, ni celui de la rébellion. Éternels jeunes philosophes, jeunes écrivains, jeunes cadres, vous me faites penser au portrait que dresse Kierkegaard de l'homme le plus malheureux : celui qui n'aurait pas su goûter sa jeunesse et perdrait son âge adulte à ressasser ce regret[1]. »

Nous prétendions avoir rompu avec cette génération qui cherchait les voies et les moyens d'une adaptation à la société libérale qui se dessinait. Nous prétendions avoir rompu avec les pratiques sectaires et le fonctionnement autoritaire de l'OCI. Il ne fallait surtout pas poursuivre cette forme terrible de « surveillance » et d'encadrement des militants. Je me souvenais, avec une certaine honte, des fameux « procès-verbaux » rédigés par le responsable de cellule, en trois exemplaires. Dans les années 1970-1980, le responsable prenait en note la discussion politique

1. Guy Hocquenghem, *Lettre ouverte à ceux qui sont passés du col Mao au Rotary*, Paris, Albin Michel, 1986, p. 25. Guy Hocquenghem est mort des suites du sida, à l'âge de 41 ans.

qui se déroulait en réunion de cellule, en style télégraphique. Il en gardait un exemplaire, pour bien comprendre ce que disaient les camarades de la cellule qui n'avaient pas saisi « la ligne », en adressait un au responsable de secteur (responsable d'une dizaine de cellules) et, enfin, le troisième au responsable de la Fédérale, c'est-à-dire à moi. Chaque semaine, je disposais ainsi, comme responsable général du « travail jeune », d'une quarantaine de procès-verbaux. Je pouvais savoir quelle était la « température » dans les cellules et ce que pensaient, faisaient les uns et les autres. Ce procédé de contrôle était justifié par l'impulsion de l'activité politique, conçue comme un héritage du bolchevisme. Nous avions décidé d'en finir avec ce fonctionnement, en laissant place à unc parole militante, plus libre. Mais on ne se défait pas si vite de vieilles habitudes ultracentralisés, où tout se décide par quelques-uns dans le secret. Et nous avons continué de fonctionner ainsi.

« La question de l'immigration »

J'avais soutenu une thèse en 1984, à l'université de Paris-VII, sur la sociologie des militants de l'immigration ouvrière algérienne. À partir de six cents biographies se dessinait le paysage des engagements et des ancrages idéologiques du nationalisme algérien au temps colonial, en Algérie et en France[1]. C'est logiquement que j'ai insisté, au

1. Benjamin Stora, *Dictionnaire biographique des militants nationalistes algériens*, *op. cit.*

moment de notre sortie de l'OCI, sur l'importance de l'immigration dans la recomposition politique en cours. Les enfants et petits-enfants de l'immigration, notamment algérienne, que la presse appellera les « Beurs » (le mot « arabe » en verlan), surgissaient sur le devant de la scène politique et culturelle au début des années 1980, lorsque la gauche française arrivait enfin au pouvoir, treize ans après 68. Ce surgissement était porteur d'une nouvelle réalité politique : la lutte contre le racisme, reçue en héritage de la période coloniale ; et la lutte pour l'égalité dans tous les domaines. Il me semblait que c'était par là que s'effectuait le retour du politique, qui refluait lentement depuis 1981.

À distance de l'économisme étroit et du moralisme abstrait, de nouvelles questions étaient posées autour de l'immigration, touchant à une redéfinition de l'« identité nationale » et du modèle républicain français. Je voyais bien, à travers mes travaux universitaires, que l'immigration ne pouvait plus seulement être appréhendée par le seul biais économique, sous la figure du travailleur immigré et de sa famille, comme l'avaient si bien montré les thèses de Tahar Ben Jelloun sur la misère sexuelle des immigrés, et Maryse Tripier dans sa grande thèse sur les immigrés et la classe ouvrière en France[1]. En touchant à l'exclusion sociale, la ghettoïsation spatiale, j'arrivai vite à la conclusion que cette fraction de la population était visée par la

1. Tahar Ben Jelloun, *La Plus Haute des solitudes*, Paris, Le Seuil, 1977 ; Maryse Tripier, *L'Immigration dans la classe ouvrière en France*, Paris, L'Harmattan, 1988.

force maintenue d'un racisme de type colonial (et je m'étonnais que dans les premiers travaux sur l'histoire de l'immigration ouvrière en France, dans les années 1980, des livres comme *Le Creuset français*, ou *La Mosaïque France*, ne soulignent pas cet aspect touchant en particulier l'immigration algérienne[1]). La mobilisation politique des descendants d'immigrés algériens, principalement, était alors aux antipodes des célébrations festives de la diversité vantée par une association comme SOS Racisme. Je voyais la question politique de l'immigration se transformer en « question culturelle » en prenant une tournure identitaire dans laquelle l'islam tenait un rôle majeur. Le fossé entre « nous » et « les autres » se creusait dans la France des années 1980. Il s'approfondira dans les années suivantes. J'insistais donc, dans les réunions publiques organisées par le PS, ou à l'intérieur du groupe « Convergences socialistes », sur le fait que nous avions un projet dépassant le simple positionnement antiraciste. Il s'agissait de développer toute une orientation sur l'égalité des droits, la démocratie sociale et politique. Ceci d'autant plus que la « question identitaire », tournée contre l'immigration algérienne principalement, était brandie par le Front national qui commençait à envahir, et à pourrir, le champ politique français.

1. *Le Creuset français. Histoire de l'immigration (XIXe-XXe siècle)*, Paris, Le Seuil, coll. « L'Univers historique », 1988, de Gérard Noiriel ; et *La Mosaïque France. Histoire des étrangers et de l'immigration en France*, Paris, Larousse, 1988, de Yves Lequin (dir.), sont généralement considérés comme des livres fondateurs sur l'étude historique de l'immigration en France.

Depuis les élections municipales de Dreux, le 4 septembre 1983, avec 16,7 % des voix, et les élections européennes du 17 juin 1984, avec 10,9 % des voix et dix élus, cette formation d'extrême droite disposait d'une audience nationale. Il y avait là un grave danger pour la démocratie. Il n'était alors plus possible pour moi, à la différence des années 1970, d'ignorer l'extrême droite. J'ai participé, avec Khaled Melhaa, un militant algérien venu à l'OCI à la fin des années 1970 (nous avions construit ensemble, en 1984-1985, un Comité de défense des travailleurs immigrés) à la marche dite des « Beurs » qui a rassemblé soixante mille personnes à Paris le 3 décembre 1983 contre le racisme ; puis à celle du 3 novembre 1984, pour l'« égalité des droits » organisée par « Convergences ». Comme à son habitude, l'OCI ne prit aucune part à ces mouvements. Mais je ne pouvais plus obéir et rester passif devant une telle mobilisation. Cette irruption des mouvements citoyens portés par la jeunesse issue de l'immigration maghrébine a également beaucoup joué dans ma prise de distance définitive avec l'OCI, dans les années 1982-1985. J'ai alors noué des liens d'amitié avec plusieurs responsables de cette mobilisation, des journalistes-militants de Radio Beur, tels Nacer Kettane ou Samia Messaoudi, des rédacteurs des journaux *Sans frontière* et *Baraka* impulsés par Farid Aïchoune, Saïd Bouziri ou Driss El Yazami, des militants associatifs de quartier comme Mehdi Lalaoui (le futur fondateur en 1989 de l'association Au nom de la mémoire qui mènera bataille pour la reconnaissance du crime commis le 17 octobre 1961 contre des travailleurs algériens à Paris), ou Saliha

Abdellatif, Abderrahim Hafidi d'Aubervilliers, et d'autres encore. Connaissant de l'intérieur ce mouvement qui commençait à se construire dans les quartiers et les cités, j'étais réservé sur la création de SOS Racisme, venant d'en haut chapeauter toutes ces initiatives « de base ». Je voyais là une attitude politique bien précise que je ne voulais plus en étant à l'OCI : celle de l'hégémonisme et du contrôle sur des mouvements spontanés pouvant surgir de la société. En réussissant son immense concert de la place de la Concorde le 15 juin 1985, SOS Racisme a relégué dans le silence médiatique tous ces animateurs pour la plupart issus de l'immigration algérienne en France. Mais l'essor de l'organisation antiraciste a permis à ses animateurs, Julien Dray et Harlem Désir, eux-mêmes issus de la LCR, de jouer plus tard un rôle important au Parti socialiste. Quelques mois auparavant, nous avons organisé, Khaled et moi, un grand meeting à la Mutualité contre les camps de rétention mis en place par le gouvernement de gauche de l'époque pour expulser les « sans-papiers ». À la tribune, il y avait avec nous, ce 7 février 1985, le philosophe Félix Guattari et l'avocat Didier Maruani. Ce fut ma dernière action publique avec l'OCI, sous l'égide du Comité de défense des immigrés.

La question de l'immigration était peu traitée par le PS, qui ne connaissait pas vraiment ce monde, ce milieu, cet univers de combat. Dans la bataille sur le code de la nationalité, que la droite nouvellement arrivée au pouvoir voulait transformer, je me suis vite aperçu que dans ce « groupe des experts » consacré à l'immigration une grande méconnaissance régnait. Le groupe se composait de Jean-Marie Le Guen, Claude Allègre, Alain Geismar, Francis Terquem, l'avocat de SOS Racisme, et moi. J'ai avancé les principales idées sur ces questions d'immigration, en particulier celle d'égalité des droits qui avait été le mot d'ordre et le moteur des grandes marches de 1983-1984. Cette revendication d'égalité s'opposait à la fois à la notion d'assimilation et à celle de différentialisme culturel. J'avais participé à l'écriture d'une charte, d'un « Manifeste pour l'égalité des droits » que nous avions publié dans le journal *Le Monde*, en décembre 1986. Grande fut ma surprise quelques mois plus tard lorsque j'appris que le rapport de ce « groupe des experts » avait été envoyé à la direction du Parti, sans ma signature.

Une interprétation superficielle

Je pensais poursuivre mes activités politiques dans un idéal de transformation de la société, sans vouloir attendre le « grand soir » de la Révolution. Je ne savais pas encore que j'entrais dans une organisation bien différente de mon cadre d'activité antérieur. Nous avions évolué dans une organisation à caractère léniniste pour la plupart d'entre nous pendant près de dix ou quinze ans. Dans cette organisation tout était planifié, décidé, peu discuté, certes, mais toujours exécuté de manière collective. Nous rentrions dans un autre univers, sans avoir forcément la perception de ce qu'était devenue la social-démocratie. Il y avait là de la naïveté, de la méconnaissance, et une interprétation superficielle du devenir de ce mouvement. Nous avions en tête l'histoire d'une social-démocratie apprise dans nos années de formation politique militantes. Nos principaux repères étaient la scission de 1920 avec le congrès de Tours, et le rôle joué par Léon Blum pour sauvegarder la « vieille maison » contre l'emprise communiste, ou les luttes de la SFIO avec les conquêtes de 1936 au moment du Front populaire. S'y ajoutait l'existence, dans ses rangs, de plusieurs courants dont certains étaient révolutionnaires, tel celui animé par Marceau Pivert dans les années 1930. Nous savions bien sûr que la social-démocratie, notamment après la Seconde Guerre mondiale, avait failli à ses responsabilités politiques, par exemple au moment de la grève des mineurs en 1947-1948 ou encore lors de la grande grève des usines Renault en 1947, lancée par les militants trotskistes. Impossible d'ignorer, surtout, combien cette organisation avait été véritablement « emportée » par le séisme de la guerre d'Algérie. La SFIO était bien au pouvoir quand la guerre d'Algérie avait pris une ampleur considérable sous la conduite de Guy Mollet, lequel, en votant des « pouvoirs spéciaux » en mars 1956, avait envoyé les jeunes appelés du contingent en Algérie. Cependant, nous étions persuadés que la social-démocratie avait conservé un héritage, des pratiques, un programme de défense des salariés. Elle disposait toujours d'une réelle influence, de points d'appui chez les fonctionnaires, les enseignants surtout. Et des grandes régions françaises continuaient de regarder vers le socialisme comme le Nord, le Midi, l'Est. Les régions industrielles restaient les terres traditionnelles de la gauche. Le poids de la mémoire de la Résistance pesait toujours dans le centre du pays.

Progressivement, j'ai pris conscience du fait que la social-démocratie des années 1980, surtout après l'élection de François Mitterrand en 1981, n'avait plus que de lointains rapports avec les récits appris dans ma jeunesse trotskiste selon lesquels cette formation était considérée comme faisant plus de place à la démocratie, donc préférée à l'appareil stalinien pouvant installer en France les méthodes du totalitarisme. En fait, la décomposition née de la guerre d'Algérie n'avait véritablement jamais été surmontée. La bataille intense livrée par François Mitterrand contre Michel Rocard dans les années 1970-1980, qui avait courageusement en 1959 publié un rapport sur les camps de regroupement en Algérie, redoublait d'intensité. François Mitterrand se positionnait sur la gauche extrême, dans ses discours de meeting, en faisant oublier son passé algérien en faveur de l'Algérie française[1]. L'image d'un PS né du congrès d'Épinay de 1971 et qui se constituait en laboratoire d'idées sur les questions sociétales s'imposait dans l'opinion publique à gauche.

1. J'ai vu François Mitterrand à deux reprises, entre 1989 et 1991, et il a évoqué devant moi son action pendant la guerre d'Algérie quand il était ministre de l'Intérieur et garde des Sceaux. C'était un personnage séduisant, charmeur, énigmatique mais je n'ai pas publié de travaux le concernant, ni le récit de nos conversations, sur cette période de la guerre d'Algérie. Je n'avais pas été convaincu par son argumentation, et son récit, à propos de sa responsabilité dans la conduite de cette guerre coloniale, quand il était ministre de l'Intérieur et surtout garde des Sceaux, entre 1954 et 1957. C'est en 2010 que je raconterais son parcours.

Une phraséologie révolutionnaire de type marxiste, portée notamment par le courant de Jean-Pierre Chevènement, donnait un sens à l'abandon de la vieille étiquette SFIO (« Section française de l'Internationale ouvrière »). En vérité, le PS s'orientait vers une politique de satisfaction des classes moyennes françaises en pleine expansion dans ces années 1960-1970. Il en devenait le représentant. Mais cette dimension sociologique m'échappait. J'avais toujours en tête la « nature ouvrière de la social-démocratie ». Une sorte de double nature de cette organisation, capable de s'adapter aux exigences de la « bourgeoisie française », mais qui, en même temps, continuait d'agir en faveur d'une amélioration du statut des salariés. Dans cet esprit, j'y suis entré en croyant pouvoir « m'abriter » sous sa « nature ouvrière ». Ce choix me paraissait cohérent puisque, dans la campagne présidentielle de 1981, nous avions appelé à voter François Mitterrand dès le premier tour. D'ailleurs, dans le monde étudiant, dans la jeunesse en général, nous apparaissions comme une sorte de tendance gauche du PS. Nous étions de fait, sans le dire, la véritable organisation des jeunes du parti. Nous avions contribué à installer François Mitterrand au pouvoir et, logiquement, le fait d'entrer au PS n'était que la poursuite de cette activité, commencée à la fin des années 1970 par l'organisation du congrès de réunification syndicale de l'UNEF-ID à Nanterre. L'idéologie de l'OCI, très antistalinienne, se voulait proche de celle d'une social-démocratie rénovée. Il n'était pas nécessaire de faire de l'« entrisme » chez les socialistes, il fallait simplement cheminer à leurs côtés. En 1985, 1986, cela ne nous suffisait plus : nous avions décidé de franchir le pas en adhérant ouvertement à ce parti. Et il était normal, légitime, de poursuivre un militantisme dans ce cadre.

J'ai cru dans cette continuité d'engagement politique militant. D'abord, parce que je m'étais mis en retrait d'une activité politique forte à partir du moment où mon père est tombé malade en avril 1985. Son décès le 1er juillet 1985 m'avait plongé dans un profond chagrin pendant plusieurs mois. Avec lui disparaissait tout un pan de mon histoire puisque nous n'avions jamais pris le temps de réellement discuter sur qui il avait été. J'étais depuis 1968-1970 *à côté* de cet homme qui m'était toujours apparu comme vaincu, accablé par les épreuves traversées à son départ d'Algérie. J'ai éprouvé beaucoup de remords au moment de sa disparition. Pendant quelques semaines, à la rentrée de septembre-octobre 1985, j'observais à distance le processus de séparation, de scission, de sortie de l'OCI et d'entrée dans le PS. Mais il y a une autre raison, importante également, dans cette naïveté qui était la mienne. Je n'avais pas vu le monde changer. La société française s'était profondément modifiée, avait évolué depuis 1968.

J'étais trop occupé à entrer dans la société réelle, à travailler, à me détacher du militantisme professionnel pour m'en apercevoir. Les années 1980-1986 ont été celles des défaites et de la perte d'espoir. Avec, surtout, l'échec de la grève générale des mineurs britanniques contre la politique de Margaret Thatcher. Ce grand conflit social fut le plus long et le plus important de l'histoire du Royaume-Uni depuis la Seconde Guerre mondiale. Cette grève des mineurs, durement réprimée, symbolisait la défaite du monde du travail face à l'émergence du système néolibéral. Dans le sillage de Ronald Reagan qui avait brisé le mouvement des contrôleurs aériens aux États-Unis, Margaret Thatcher désigna les mineurs en grève comme des « ennemis de l'intérieur » et mobilisa contre eux tout l'arsenal répressif de l'État. Les grévistes reprirent le travail sans avoir rien obtenu, et la privatisation du secteur énergétique sonna la fin de leur mouvement. Cette défaite a accéléré l'affaiblissement du monde syndical dans toute l'Europe.

Dans le même temps, à partir de 1983-1986, le sida arrivait en France où l'épidémie fera environ trente mille victimes. Avec ces « années sida » qui coïncidaient avec l'arrivée de la gauche au pouvoir, émergeait une génération qui s'engageait politiquement contre les affaires du sang contaminé, le rôle des laboratoires médicaux dans le traitement de la maladie, ou les retards, insuffisances, silences des pouvoirs politiques, notamment à gauche. Pour certains auteurs, ce contexte est le signe d'une rupture politique et sociale[1]. Les actions du mouvement Act Up ont marqué ces années tragiques.

Éprouvé par le décès de mon père, je n'avais pas prêté attention à l'affaire d'un bateau coulé en

1. Tristan Garcia, *La Meilleure Part des hommes*, Paris, Gallimard, 2010 ; Jean-Luc Maxence, *Les Écrivains sacrifiés des années sida*, Paris, Bayard, 1995. Voir le beau film de Robin Campillo, *120 battements par minute*, Grand Prix au Festival de Cannes, 2017.

Nouvelle-Zélande. Le 10 juillet 1985 dans le port d'Auckland. Deux bombes éventraient le *Rainbow Warrior*, chalutier de l'association Greenpeace. Elles avaient été posées par les services secrets français, pour empêcher l'organisation de protection de l'environnement de perturber les essais nucléaires français à Mururoa, dans le Pacifique. Ce qui ne devait être qu'un sabotage devenait, avec la mort de Fernando Pereira – photographe de Greenpeace –, un attentat. Et « l'affaire du *Rainbow Warrior* », un véritable scandale politique à partir de l'automne 1985, avec la révélation de l'implication du gouvernement français. La France reconnut les faits. L'indignation fut internationale, le scandale énorme après les nombreux mensonges et dénégations, depuis des mois, au plus haut sommet de l'État français[1]. Du ministre de la Défense, Charles Hernu, au Premier ministre, Laurent Fabius, en passant par le président de la République, François Mitterrand, le scandale frappait de plein fouet, sur le plan moral et politique, les dirigeants socialistes au pouvoir.

Grève des mineurs brisée ; propagation d'une maladie cruelle ; crise morale dans le camp de la gauche : le courant venu de 68 s'affaiblissait précisément au moment où nous décidions de changer de cap en 1986. Les dynamiques d'espérance et de progrès semblaient entravées, et l'incertitude sur l'avenir du socialisme s'installait avec l'arrivée de la

1. Edwy Plenel, qui a révélé cette affaire dans *Le Monde*, la raconte dans *La Troisième Équipe. Souvenirs de l'affaire Greenpeace*, Paris, Seuil, « Points », 2016.

perestroïka en URSS. Pour les « anciens trotskistes » que nous devenions, s'ouvrait une période d'incertitude, de vacillement, voire de fin de notre lecture du monde, structurée autour de la dénonciation incessante, obsessionnelle du stalinisme. Les idées de 1968, et les utopies porteuses d'une transformation radicale de la société, étaient désormais lointaines. Elles avaient même pour certaines d'entre elles complètement disparues, tandis que commençait une contre-réforme libérale se dissimulant sous le masque de l'individualisme. Avec le culte de la réussite incarnée par Bernard Tapie, homme d'affaires qui deviendra ministre dans les années 1990, et le vertige respectueux devant la richesse. Avec le cumul des ségrégations sociales, le déchaînement de la compétition sur le marché de l'emploi, les violences urbaines dans les nouvelles banlieues faisaient entendre leur colère, de Vaulx-en-Velin aux quartiers nord de Marseille. Dans les années 1980, à la différence de la période post-68, l'entrée en politique ne se faisait plus seulement sur les questions de transformations sociales.

L'affaiblissement, la dévaluation des principes classiques de la gauche dans une période de panne de la socialisation par l'école et le travail favorisaient les engagements dont les ressorts étaient émotionnels et moraux. François Cusset, dans son livre sur les années 1980, notera à ce propos : « C'est l'immédiateté qui caractérise la nouvelle morale : qu'elle s'affiche sur un badge, dans des slogans efficaces ou avec une musique compassionnelle, elle congédie tout ce qui requiert la durée – discussion, mémoire, critique, action politique.

À la verticale de la transmission et à la diagonale des libres pensées, elle préfère l'horizontalité de l'image qu'on ne peut contester. Avec l'antiracisme et son éloge de melting-pots, le nouvel ordre moral se fait pur spectacle[1]. » C'est l'association SOS Racisme que visent ces remarques, association née dans les années 1984-1985-1986. Quelle ne fut pas ma surprise, en effet, devant l'énorme masse de jeunes rassemblés au concert de SOS place de la Concorde en juin 1985, attirés par la promotion d'un moment festif, annoncé par les médias (surtout la télévision). L'effort collectif militant n'était plus à l'ordre du jour. Une poignée d'organisateurs, quelques dizaines seulement, avait réussi le tour de force de mobiliser des dizaines de milliers de personnes sans l'aide d'un mouvement politique patiemment construit, et sans aucune référence à une histoire longue. Ce nouveau mode de pensée, d'action, de pratique était aux antipodes de la solidarité, de l'effort collectif, et provoquait l'effacement du « je » pour le « nous ». Dans cette illusion d'une continuité politique et militante au sein du Parti socialiste, il y avait sans doute le désir de prolonger notre histoire. De ne pas croire à la fin de ce grand mouvement né après 68. Je voulais rester fidèle à des principes d'équité, d'égalité, et surtout de probité. De probité intellectuelle, morale, et j'allais presque dire financière.

Je me leurrais, bien sûr, sur le passé comme sur le présent. J'étais incapable d'une lucidité critique sur ce qu'avait été mon attitude dans cette

1. François Cusset, *La Décennie, op. cit.*, p. 107.

organisation aux pratiques autoritaires. Je voulais n'en retenir que le côté idéaliste, romantique ou révolutionnaire. J'évacuais le fait que notre critique radicale du communisme stalinien aboutissait à un fonctionnement très sectaire coupé du réel, hors de la société et prompt à l'exclusion. Nous vivions dans une bulle, en vase clos, préoccupés par les seules actions à entreprendre. Avec un fonctionnement quasi militaire, une tendance au secret, à la clandestinité que favorisait l'usage des pseudonymes. J'ignorais ainsi les noms véritables de la plupart de mes camarades, ne les désignant que par leur surnom dans l'organisation. Nous voulions, en fait, non pas changer la vie au quotidien, mais surtout nous attaquer au monde existant tel qu'il fonctionnait. Il m'a fallu beaucoup d'années pour opérer une prise de distance radicale par rapport à l'ensemble de cette période de ma vie, et au rôle de responsable intransigeant que j'y ai moi-même joué.

Je me leurrais également sur ce qu'était devenue la social-démocratie française. Dans mon arrivée à l'intérieur de cette organisation, je n'ai pas tenu compte de nombreux éléments, comme la modification de la structure sociale avec la crise commencée en 1973 et le chômage de masse, et des séquences significatives différentes, dont chacune possédait sa propre cohérence (comme l'entrée des militants du PSU à partir de 1974). Je découvrais progressivement que des « militants » s'activaient essentiellement sur la base d'un professionnalisme politique, pour faire carrière dans la société. En profitant d'une solide expérience accumulée dans les années 1970.

Cette bureaucratisation par d'anciens militants post-68 était en fait visible. Je voyais beaucoup d'« experts » sur toutes sortes de questions (surtout économiques) qui attendaient leur retour dans les cabinets ministériels, ou une amélioration de leur statut dans la haute fonction publique. La jeunesse, les étudiants, c'est nous qui les apportions, ainsi que des syndicalistes, de FO, de la FEN, de la CGT. Un peu comme Michel Rocard avait pu le faire en 1974.

J'avais la volonté de me situer dans l'espace politique d'une pensée critique et constructive. Je croyais rester accroché à des thématiques qui étaient celles des engagements de ma jeunesse. Le mouvement étudiant avec la réforme Devaquet et la bataille contre le Code de la nationalité portée par les jeunes issus des immigrations postcoloniales me permettaient d'éluder toute interrogation critique sur notre projet à l'œuvre. Concrètement, les deux types de mobilisation d'engagement politique dans lesquels j'ai continué de militer après 1986 jusqu'en 1988 restaient « très jeunes ». C'étaient des suites de mouvements de jeunesse, d'étudiants. À 34, 35, 36 ans j'étais toujours attentif et enthousiaste pour des rassemblements de protestation, des manifestations, des meetings. Ce n'est pas un hasard si la dernière fois que je me suis fait matraquer par la police, c'était sur la place des Invalides, une nuit d'avril 1986, au moment des manifestations étudiantes contre la réforme Devaquet. Celui qui m'a emmené à l'hôpital, alors que j'avais perdu connaissance, s'appelait Stéphane Fouks, qui militait avec moi à l'UNEF-ID (et deviendra par la suite l'un des principaux responsables d'EuroRSCG).

Nous éprouvions une réelle difficulté à rompre avec ce passé, éternellement « jeunes » alors que nous avancions vers la quarantaine. La plupart d'entre nous, en quittant l'organisation trotskiste, avaient déjà trente ou trente-cinq ans. Mais nous étions encore dans cette forme de pratique effervescente du « jeunisme » révolutionnaire. Sans le vouloir, ou le savoir, nous vivions dans la répétition des mécanismes politiques portés par la génération précédente qui avait dirigé, fait « 68 » et se projetait vers un « avenir qui dure longtemps »[1].

La professionnalisation de la politique

Pourtant, les signes du changement étaient là, sous mes yeux. Il me revient à l'esprit des faits et des conversations disant ce changement d'univers, le passage du monde du militantisme radical des années 1970 à ce néomilitantisme socialiste de la fin des années 1980 où s'ébauchaient les carrières politiques. Je me rappelle en particulier une conversation avec Jean-Christophe Cambadélis avant d'entrer dans une réunion où nous étions attendus par des militants. C'était dans un local de la « tour Capri » dans le 13e arrondissement, un vaste appartement qui avait été réservé pour les réunions de « Convergences socialistes » à la fin de l'année 1987. Jean-Christophe m'expliqua que le problème n'était plus de construire une « tendance de gauche » à l'intérieur

1. *L'avenir dure longtemps*, titre du dernier livre de Louis Althusser (né en Algérie en 1918) et publié en 1991 après sa mort.

du Parti socialiste, ce qui aurait risqué de nous marginaliser pour plusieurs années. L'objectif, désormais, c'était de conquérir l'appareil « de l'intérieur », en occupant des postes de direction, et, pourquoi pas, en devenant ministre ou député au moment des élections de mai 1988. Mais, me dit-il, « rassure-toi, si je deviens ministre, nous pourrons bénéficier de conditions matérielles nous permettant plus tard de construire une tendance de gauche socialiste à l'intérieur du parti. Et toi, naturellement, dans cette conjoncture, tu deviendras mon chef de cabinet. » C'était assurément un changement de perspective politique, doublé d'un changement de cap personnel qui m'a pris au dépourvu. Lors de notre sortie de l'OCI, en 1985-1986, le plus important était à mes yeux de construire une tendance de gauche à l'intérieur du Parti socialiste, et non d'y occuper des places. Devenir « chef de cabinet », vraiment je ne m'y attendais pas ! J'ai décliné cette proposition qui m'a surpris. Il ne m'était jamais venu à l'esprit de me retrouver en responsabilité dans un cabinet, ou dans un ministère quelconque. J'étais bien loin de m'imaginer cette sorte de « nouvelle » vie politique à l'intérieur du PS. Jean-Christophe Cambadélis, lui, avait préparé à sa manière cette sortie du mouvement trotskiste. Son entrée au PS lui offrait surtout la possibilité d'occuper des responsabilités dans l'appareil du parti.

J'ai commencé à comprendre que les choses avaient changé lorsque Jean-Christophe a, dans le même temps, demandé à la plupart des militants de notre groupe, « Convergences socialistes », habitant dans Paris intra-muros, de prendre leur carte au PS dans la section du 19e arrondissement. Plusieurs militants, une centaine environ, se sont ainsi retrouvés inscrits au PS dans le 19e. C'était une circonscription proposée par Jean-Marie Le Guen, dont il était devenu très proche depuis le début des années 1980. C'est ainsi qu'il va être investi comme candidat du Parti socialiste à la députation pour les élections législatives de juin 1988, provoquant la mise à l'écart du député en place, Alain Billon, qui n'avait pas démérité. L'élection de Jean-Christophe en mai 1988 marque la fin d'une aventure collective.

Un autre fait me revient en mémoire. À cette époque-là, au début de l'année 1988, à l'approche de l'élection présidentielle, la vie du « groupe des experts » s'est animée. Cette structure rassemblait un certain nombre d'intellectuels et de hauts fonctionnaires, membres ou pas du PS chargés d'écrire des notes, de livrer des analyses, d'élaborer des réflexions dans la perspective où le Parti socialiste reviendrait au pouvoir. J'ai été membre de ce « groupe » pendant deux ans. Il y avait peu de monde dans les années 1986-1987, mais, en 1988, à l'approche de la victoire, les sondages aidant, nombreux étaient ceux qui venaient assister aux réunions sans intervenir. Ils étaient là, surtout, pour faire connaître leur CV, postulant directement aux réunions du groupe des experts pour devenir assistants parlementaires, membres de commissions, ou experts en tous genres. J'ai compris que la politique n'était pas seulement une affaire de convictions, de militantisme collectif. Cela pouvait devenir une carrière dans l'administration, l'appareil d'État. La plupart de ceux qui s'engageaient désormais étaient dans une course en faveur d'un candidat dans une région, une ville. Je comprenais pourquoi certains avaient fait le choix d'arrêter leurs études, de ne pas poursuivre leur itinéraire intellectuel ou universitaire. Ils avaient décidé de vivre en professionnels de la politique. Il est vrai que l'image héroïsée du militant professionnel s'était évanouie depuis longtemps dans mon esprit, lorsque, à l'OCI, j'avais côtoyé le nombre important de « permanents » s'activant au « local ».

Dès les années 1981, 1982, 1983 j'avais pris un autre chemin. J'ai décidé de rompre avec cette conception de la politique en devenant enseignant, et dès ce moment-là nos chemins se sont séparés. J'avais envie de revenir au monde réel, alors que d'autres entendaient tout simplement poursuivre une vie politique rémunérée. Ce que je vais découvrir bien des années plus tard. Au début de l'année 2017, l'affaire Fillon éclatait… Avec les sommes incroyables données par l'État aux élus, en salaires fixes, en « enveloppes » pour embaucher des collaborateurs (qui pouvaient être leurs enfants, leurs épouses, leurs amis), en notes de frais remboursables, et autres avantages (gratuité des transports, emprunt à taux zéro, etc.). Des articles dans la grande presse ont commencé à livrer à des lecteurs, ébahis et choqués, comment il était possible de s'enrichir, tout à fait légalement, aux frais de l'État[1]. Dans *L'Express*, *Mediapart* ou *Le Monde*, on pouvait découvrir ainsi

1. Voir par exemple, dans *L'Express* du 8 février 2017, un grand dossier consacré à ce mécanisme de corruption légale.

tous les privilèges liés à l'exercice du métier d'élu, de député. Qui s'affilie à des régimes de Sécurité sociale et de retraite particulièrement généreux ; reçoit une indemnité brute mensuelle – parler d'un « salaire » serait vulgaire – d'environ 7000 euros ; perçoit une indemnité représentative de frais de mandat (IRFM) mensuelle de près de 6000 euros qu'il peut dépenser à sa guise. Une somme que certains élus en sont venus à considérer comme un complément de revenus. Qui, en exerçant aussi des fonctions locales, utilise en circonscription les moyens mis à disposition par sa mairie, son conseil régional ou départemental : voiture, chauffeur, téléphone portable, local pour recevoir, quand ce n'est pas la carte bleue. Qui dispose de 4 200 euros chaque année pour financer jusqu'à cinq abonnements mobiles pour ses collaborateurs et lui-même (le budget s'élève à 9 670 euros pour un député d'outre-mer... et à 16 845 euros pour chacun des cinq députés des Français de l'étranger élus dans une circonscription extra-européenne)[1]. Qui se déplace avec des cartes gratuites SNCF illimitées en première classe, et quarante vols aller-retour entre Paris et sa circonscription ; peut s'offrir chaque année six vols aller-retour pour n'importe quelle destination métropolitaine (« les conjoints peuvent utiliser tout ou partie de ce contingent », est-il précisé dans une note)[2] ; puise

1. À l'heure de WhatsApp et des messageries gratuites par Internet, voilà un beau gisement d'économies.

2. Dans *L'Express* du 8 février 2017 : « Comme nous le traduit une députée dans une langue un peu moins administrative : "Je n'utilise pas ces vols, mais si je voulais me faire un week-end à l'œil en Corse avec mon compagnon en invoquant un pseudo-congrès je pourrais !" »

dans son budget courrier – 12 000 euros annuels que plus personne ne dépense complètement – pour doubler ses frais de taxi et augmenter de moitié le budget de téléphonie (ou comment se faire rembourser jusqu'à 5 500 euros de taxi chaque année). Dans son rapport pour 2012, la commission pour la transparence financière de la vie politique avait établi que l'IRFM permettait aux parlementaires « d'accroître leur patrimoine d'un montant variant entre 140 000 à 200 000 euros sur la durée d'un mandat ». À l'époque, certains avaient acheté leur permanence en contractant des prêts qu'ils remboursaient avec l'IRFM. La pratique est désormais interdite. J'ai donc vu, bien des années après, comment les élus ne sont soumis à aucun contrôle et refusent, au nom de la séparation des pouvoirs, de rendre des comptes à quiconque n'est pas membre du Parlement. J'ai ainsi compris pourquoi les batailles étaient si rudes à l'intérieur des appareils politiques pour se faire investir comme candidat, puis se faire élire. Sous couvert de débats idéologiques, il n'était pas simplement question d'échapper à la réalité sociale en quittant les contraintes d'un emploi « normal ». Mais aussi de construire, de développer un patrimoine, tout à fait légalement, de s'enrichir. J'avais été décidément bien naïf en croyant à la suite des engagements politiques dans les « partis traditionnels » pour changer la société.

La montée en puissance du Front national dans les années 1980 s'est exprimée dès les élections européennes de 1984 en obtenant près de 10 % des voix ; et en 1986, grâce à la proportionnelle, plusieurs députés frontistes sont entrés à l'Assemblée nationale. C'est dire si la question de l'extrême droite française, à l'époque en filiation directe avec le régime de Vichy et les partisans de l'Algérie française, devenait importante ! J'ai toujours considéré que le combat contre l'extrême droite était décisif dans la bataille démocratique. C'était même devenu l'une des motivations principales de mon entrée dans l'extrême gauche des années 1970. Cette ascension rapide et soudaine du Front national avait fait resurgir du passé le régime de Vichy. Dès les années 1970, la publication du livre de Robert Paxton *La France de Vichy*, mais aussi le documentaire de Marcel Ophüls *Le Chagrin et la Pitié*, avaient profondément marqué les esprits. Une mémoire blessée se réveillait, d'autant qu'en 1987 d'autres événements se sont produits, notamment avec le procès de Klaus Barbie, le tortionnaire nazi responsable de la rafle d'enfants juifs à Izieu[1]. Mais

1. Le 11 mai 1987, s'ouvrait le procès du chef de la Gestapo à Lyon. Klaus Barbie fut condamné, le 4 juillet 1987, à la réclusion à perpétuité pour la rafle de l'Union générale des israélites de France (UGIF) le 9 février 1943, rue Sainte-Catherine à Lyon, la déportation des enfants de la colonie d'Izieu, dans l'Ain, avec sept adultes le 6 avril 1944, la déportation d'environ 650 personnes par le dernier train qui quitta Lyon le 11 août 1944 sous escorte allemande. Au président de la cour d'assises qui, avant de prononcer le verdict, lui demandait ce qu'il avait à déclarer pour sa défense, Barbie avait eu ces mots : « C'était la guerre, la guerre est finie. » Jusqu'au dernier

les mobilisations politiques et intellectuelles autour de la nature du régime de Vichy, ces années que la société française et les partis politiques n'arrivaient toujours pas à regarder en face et à assumer, n'avaient visiblement pas suffi. Le Front national continuait de progresser inexorablement. La bataille contre le FN mobilisait, encore et toujours, les esprits d'une partie importante de la jeunesse.

Cette question a surgi lors d'un repas à l'Élysée avec François Mitterrand organisé en janvier 1988 pour préparer l'entrée en scène du Président pour l'élection de mai 1988. Étaient présents Jean-Christophe et moi, Marc Rozenblat et sa compagne de l'époque, Isabelle Thomas, ainsi que Jean-Loup Salzmann. Des « jeunes » (qui pourtant avaient largement dépassé la trentaine) réunis autour du Président pour faire entendre la voix d'une nouvelle « élite politique » issue de la « société civile ». D'un côté ceux qui avaient bâti l'UNEF-ID, et de l'autre ceux qui s'étaient lancés dans la construction de SOS Racisme. Pendant le repas, François Mitterrand nous a expliqué qu'il n'y avait pas de véritable écart entre la droite et l'extrême droite. Elles étaient sans barrières entre elles, elles fonctionnaient sur les mêmes programmes et les mêmes références historiques. J'ai contesté ses propos, en expliquant qu'il y avait des différences notables entre la droite républicaine qui avait refusé la collaboration et s'était prononcée pour la décolonisation (c'était le cas du général de Gaulle pour Vichy

jour, il n'aura exprimé aucun remords. Il est mort trois ans plus tard, en détention.

et l'Algérie) et une droite qui avait pactisé avec Vichy et s'était montrée jusqu'au bout en faveur de l'Algérie française, donc du maintien de l'Empire colonial. François Mitterrand s'est montré agacé par mon intervention. Il voulait démontrer qu'il n'y avait qu'un seul bloc à combattre et qu'au fond voter à droite revenait à voter extrême droite. J'ignorais à ce moment-là qu'il continuait d'entretenir des liens avec l'extrême droite française, notamment ceux découverts quelques années plus tard avec René Bousquet. J'ignorais aussi son passé proche d'Action française et sa présence dans les couloirs de Vichy lorsqu'il était âgé de vingt-trois ou vingt-quatre ans, révélée au grand jour quelques années après par le livre de Pierre Péan. Cette discussion m'a valu une forme de « disgrâce » politique. À l'issue de ce repas, je n'ai reçu aucune proposition de sa part pour être actif dans sa campagne, contrairement aux autres participants autour de la table.

Je me suis interrogé sur cette façon d'associer droite et extrême droite. Cette analyse politique avait, je crois, pour objectif d'interdire toute bataille réelle contre l'extrême droite. Former un bloc en l'assimilant à la droite républicaine classique était aussi le moyen de faire passer le message selon lequel l'extrême droite représentait un danger comparable à ce qu'était la droite gaulliste traditionnelle.

Quelques semaines plus tard, Jean-Christophe m'a annoncé qu'il fallait mettre en œuvre une stratégie de combat contre le Front national, notamment par la publication d'un manifeste. J'ai participé à la rédaction de ce document politique, en insistant beaucoup sur la filiation historique du Front national avec l'extrême droite française collaborationniste et partisane de la colonisation. Une extrême droite s'inscrivant dans une orientation historico-idéologique développée alors par l'historien Zeev Sternhell sur la droite révolutionnaire française, qui n'est autre qu'un « fascisme à la française ». Cette expression « fascisme à la française » n'a pas été retenue par les commentateurs de l'époque, journalistes, historiens, universitaires. Le terme utilisé le plus souvent était celui de « populisme » avec un contour beaucoup plus flou, plus large, sans doute moins effrayant ou polémique que la notion de fascisme. Dix ans plus tard, en 1998, le Manifeste contre le Front national a disparu.

Je n'ai pas pu poursuivre cette bataille car, dès l'été 1988, d'autres événements m'attendaient, beaucoup plus tragiques, cruels : la maladie de ma fille.

3

Ruptures et solitude

La maladie

À la fin de l'été 1988, ma fille Cécile a commencé à souffrir de maux de tête de plus en plus violents. Nous avons, avec Claire mon épouse, consulté plusieurs médecins, au moins une dizaine, pour trouver un remède. Aucun ne découvrait l'origine de ses douleurs, certains nous ont même conseillé de faire… une psychanalyse. Nous avons donc rencontré un médecin psychiatre-psychanalyste, mais Cécile ne dormait toujours pas et souffrait énormément. J'ai alors pris la décision, seul, de lui faire passer un scanner. Une tumeur cancéreuse à la tête a été découverte, très mal placée et difficile à détecter. Une fois le diagnostic posé, les médecins que nous avons vus étaient très pessimistes sur les chances de guérison. Commencèrent alors pour nous quatre longues années de bataille, d'espoir de guérison, de désespoir et de chagrin. Cette bataille nous l'avons menée avec Cécile et avec mon fils

Raphaël qui était un petit enfant, dans des conditions extrêmement difficiles et douloureuses.

Pendant toutes ces années, je n'ai pratiquement plus revu la plupart de mes compagnons de combat des années 1970-1980. Je me suis retrouvé très seul, avec une poignée d'amis dont Jean Grosset et Michel Broué qui venaient me retrouver à l'hôpital, ou encore Khaled Melhaa, Michel Assoun et Jean-Loup Salzmann. Francis Terquem est devenu mon avocat. J'avais décidé avec lui d'intenter un procès à l'hôpital Necker, où les médecins pour enfants avaient envoyé ma fille faire une psychanalyse. J'ai gagné ce procès contre l'Assistance publique en 1993, après le décès de ma fille.

Je me suis adressé, pendant cette période, aux responsables politiques que je connaissais pour leur demander s'il était possible d'avoir une sorte d'allocation, de subvention pour mon épouse. Nous devions aller très régulièrement à Villejuif pour les soins, et rester avec Cécile. Claire était donc obligée de travailler à mi-temps, ce qui représentait une perte de salaire conséquente. Mais pas un seul de ces responsables politiques, anciens amis, devenus députés ou responsables à la tête du Parti socialiste, n'a songé à déposer un amendement, ou un projet de loi, en faveur des parents dont les enfants sont victimes de cancer. C'est là que j'ai mesuré toute la distance qui me séparait de beaucoup de mes anciens camarades. J'étais confronté à la maladie de ma fille, à sa mort possible, je demandais de l'aide. Une aide matérielle qui n'est pas venue. Je crois d'ailleurs que ce type de loi n'a jamais été discuté ou même proposé à l'Assemblée nationale.

Pendant toute la maladie de Cécile, de 1988 à 1992, je n'ai cessé de travailler à l'université de Paris-VIII. Pas une fois je ne me suis mis en congé. J'ai assuré tous mes cours, et participé au lancement de l'Institut Maghreb-Europe avec René Gallissot en 1991. Mais je n'ai pas repris ma carte au Parti socialiste, pour me consacrer à des choses beaucoup plus essentielles : rester auprès de ma fille. Extrêmement anxieux, stressé, je fumais vraiment beaucoup. Je travaillais au rythme imposé par les soins et les hospitalisations. Quelques années plus tard, je serais victime d'une crise cardiaque, immédiatement suivie d'une lourde intervention de chirurgie cardiaque en janvier 1995.

Pendant cette période de quatre années de maladie de Cécile, des événements considérables se sont produits. En particulier, la chute du mur de Berlin et la fin du communisme stalinien en 1989. Les pays de l'Est se révélaient tout simplement être comme des pays du tiers-monde. Ce que nous baptisions les « conquêtes socialistes », issues de la révolution d'octobre 1917, étaient en fait des économies où subsistaient une société appauvrie et une bureaucratie toute-puissante. Entre 1988 et 1992, des événements extraordinaires ont eu lieu en Algérie. En octobre 1988, à la suite d'émeutes de la jeunesse algérienne, le système du parti unique mis en place par le Front de libération nationale (FLN) après l'indépendance s'est littéralement effondré. L'année suivante, en 1989, le multipartisme était décrété, les militaires se retiraient du Comité central du FLN. Commençait alors une période d'effervescence démocratique en Algérie. Une presse libre et indépendante voyait le jour, avec des titres comme *El Watan*, *Liberté*, *Le Quotidien d'Oran*, de grands journaux arabophones tel *El Khabar*. Apparaissaient également des mouvements citoyens, des ligues des droits de l'homme, des associations de défense des femmes. Des dirigeants politiques algériens « historiques » qui avaient été écartés du pouvoir en 1962 sont rentrés au pays. Ahmed Ben Bella, Hocine Aït Ahmed et Mohamed Boudiaf ont fait ainsi leur grand retour en Algérie.

Je suivais attentivement tous ces événements. Ils m'ont plus encore éloigné de la vie politique intérieure française, qui me paraissait étriquée, engluée dans les affaires de corruption, polluée par l'installation du racisme avec l'essor du Front national. L'actualité algérienne, en revanche, m'intéressait au plus haut point. La transition démocratique dans un pays qui avait vécu sous un régime de parti unique pendant de longues années constituait un défi majeur pour l'ensemble des pays du « Sud ». Et puis, pour la première fois apparaissait un courant relevant de l'islam politique, le Front islamique du salut (FIS). Les islamistes avaient gagné les élections municipales de mai 1990. La question démocratique en lien avec l'islam politique inaugurait une séquence qui allait toucher l'ensemble du monde musulman et arabe. Les médias ont commencé à me solliciter pour me parler de la situation intérieure algérienne. Peu de gens alors en France, journalistes, universitaires ou commentateurs, connaissaient l'histoire de l'Algérie après 1962. J'avais constamment suivi l'évolution de ce pays depuis l'indépendance, entre autres en m'y rendant, et en discutant régulièrement avec

8

mes amis vivant là-bas. À partir de ces années-là, 1990-1991, j'ai pénétré dans les univers médiatiques, intervenant fréquemment à la radio, à la télévision, suscitant bien sûr l'agacement, souvent par jalousie, d'autres chercheurs qui méprisaient l'outil médiatique. Les choses ont bien changé depuis. Les interventions publiques qui ont commencé à la fin de l'année 1990 m'ont permis de rompre, par moments, avec l'anxiété née de la maladie de Cécile ; d'atténuer l'angoisse devant la menace d'une maladie terrible.

Le double désenchantement

Avec l'effondrement du communisme stalinien dans les pays de l'Est et la chute des systèmes de parti unique au Sud, comme en Algérie, s'ouvrait une nouvelle période. Un doute sur l'espérance de renversement du capitalisme d'un côté ; et la fin de l'espérance, née du tiers-mondisme en une société égalitaire et différente de l'autre.

Ce double désenchantement, en termes d'espérance et de politique, je l'ai exprimé, notamment dans ma première émission de télévision française, *Le Divan* d'Henry Chapier, enregistrée en décembre 1990 et diffusée en février 1991[1]. Nous parlâmes surtout des questions algériennes. Je m'interrogeais sur le fait de savoir pourquoi cent mille femmes défilaient en hidjab à Alger en 1989

1. Pour retrouver l'intégralité de cette émission, voir en lien ci-après, sur mon site : https://benjaminstora.univ-paris13.fr/index.php/documentaires/video/399-le-divan-diffuse-en-fevrier-1991.html

contre le pouvoir algérien de l'époque, et quelques milliers seulement dans les rangs des mouvements féministes de la capitale algérienne. Dans mon esprit, déjà, cela voulait dire que les femmes étaient nombreuses derrière le Front islamique du salut, le mouvement islamiste naissant. On ne pouvait donc pas simplement se contenter de dire : « C'est la terreur qui pousse les femmes vers l'intégrisme. » Il y avait là une adhésion volontaire dans ces manifestations féminines derrière le FIS. Voulaient-elles s'émanciper de la tutelle pesante de leur père, de leur frère, de leur famille, en les défiant par le port du voile ? En portant ce hidjab, ce foulard islamique, leur but était-il de se faire reconnaître et respecter comme femmes, dans des sociétés où la condition, le statut de la femme restait inférieur à celui des hommes ? Il y avait là, me semblait-il, une reprise des thématiques portées par Frantz Fanon pendant la guerre d'indépendance algérienne, où le port du voile était décrit comme un geste de refus du colonisateur, de défiance. Mais, en même temps, c'était une entrée tragique en modernité. Car cette volonté d'émancipation illusoire, c'était un processus d'individualisation de la femme conduisant à une séparation avec les hommes. Cet aspect de défi et de séparation restait difficilement compréhensible pour les sociétés occidentales dans lesquelles le port du foulard révélait un signe de régression, d'aliénation et de soumission. Alors que, de l'autre côté de la Méditerranée, le port du hidjab exprimait une volonté d'exister et de se démarquer pour un nombre important de femmes. C'était un leurre, car cette émancipation n'en était pas une. Elle conduisait à une impasse. Mais au moment où, en France, éclatait pour la première fois l'« affaire du foulard » porté par deux jeunes lycéennes à Creil, la question ne se posait pas dans l'opposition binaire du refus de l'oppression et de l'aliénation.

Dans cet entretien diffusé en 1991, nous avions également parlé de la corruption. À la faveur de l'énorme bataille qui s'engageait alors en Algérie, surgissait l'exigence de moralisation de la vie publique. Avec l'entrée en modernité, la vie publique ne devait plus être synonyme de corruption, de milliards envolés. En proposant de la moraliser, le FIS rencontrait une adhésion croissante. Mais il ajoutait l'exigence de bonnes « mœurs ». Et j'expliquais : « Si le FIS veut passer de cette moralisation de l'espace public à la moralisation de la vie privée, là ce ne sera pas possible. Les Algériens ne pourront pas l'accepter. Parce qu'il y a encore cette interférence historique, ce souvenir colonial d'une effraction pour parvenir à la modernité. Et puis, il existe, par la migration, une circulation, des voyages, les paraboles, la connaissance et l'ouverture sur d'autres mondes. L'Algérie est un espace pluriel. Avec les Berbères, l'espace pluriel est devenu profondément dangereux pour les islamistes. Si ces derniers veulent moraliser l'espace privé, donc s'attaquer à la condition de la femme, ils se heurteront à une résistance des Algériennes et des Algériens. »

Pour finir, un autre thème a surgi : celui de l'attitude à avoir envers l'immigration maghrébine de culture musulmane. Henry Chapier me demanda :

« Est-ce que la religion socialiste du droit à la différence en ce qui concerne surtout les populations maghrébines, et notamment les Algériens, ne risque pas d'aboutir à des malentendus tragiques ici ? » J'étais d'accord avec cette notion de malentendu. Lorsque l'on parlait d'immigration en France, il était sous-entendu au début des années 1990 que l'on parlait surtout d'immigration maghrébine, et principalement algérienne (c'est encore le cas, trente ans après). Cela renvoyait pour moi à l'histoire du rapport de couple, passionné, entre la France et l'Algérie[1]. Cette immigration algérienne existait finalement comme une sorte d'emblème pour toutes les autres immigrations postcoloniales. Mais la grande question était encore celle de l'écart entre « intégration » et « assimilation ». J'ai expliqué dans cette émission que « fondamentalement les Algériens, ou Maghrébins, sont là en France depuis trente, quarante ou cinquante ans pour certains. Cette immigration a commencé dans les années 1920. On ne veut pas la concevoir dans la longue durée. L'impression demeure que cette présence a commencé dans les années 1970. Elle est intégrée socialement, fonctionne dans l'espace public depuis très longtemps. Le problème historique est que cette immigration s'est méfiée de l'intégration politique. Pourquoi ? Le problème colonial et le désir d'indépendance des patries respectives ont pesé sur les conduites et les imaginaires. Dans ce sens, c'est une immigration

1. Dans cette même année 1990-1991, j'ai rédigé l'ouvrage *La Gangrène et l'Oubli. La mémoire de la guerre d'Algérie*, publié aux éditions La Découverte en 1991.

différente de celle des Polonais, des Italiens ou des Espagnols. Et l'islam n'est pas le seul critère de différenciation possible. Le refus d'intégration dans les esprits s'accompagne d'une assimilation culturelle, de fait. Et le malentendu se joue là. Dans une histoire de passion où une immigration qui s'est totalement intégrée, voire assimilée, refuse au plan idéologique et politique les conséquences de cette assimilation-intégration. En particulier chez les enfants de cette immigration. » Le sociologue Abdelmalek Sayad, que je connaissais bien depuis ma soutenance de thèse en 1978 sur la vie de Messali Hadj, et que j'appréciais beaucoup, décrivait ainsi cette oscillation entre ces deux pôles portée par des discours qui, prenant appui sur cette réalité, exigeaient soit l'identification totale à la société française, soit la séparation radicale au nom d'une fatalité religieuse (celle-ci étant plus forte que l'histoire politique et sociale), qui est, dans un cas comme dans l'autre, une forme de reniement de la parenté[1].

Dans les années 2000, je reprendrais cette thématique où, dans la société française, la plupart des gens croient que les Algériens, les Marocains, les Tunisiens vont repartir, qu'ils sont là en situation d'instabilité, de fragilité. Mais la vérité est qu'ils ne repartiront plus. Les enfants de cette immigration savaient cela. Ils ont voulu jouer d'autres rôles, remplir d'autres fonctions, se disperser dans l'espace urbain, quitter les ghettos, exister de plein

1. Abdelmalek Sayad, « Le mode de génération des générations "immigrées" », in *L'Homme et la Société*, « Générations et mémoires », n° 111-112, 1994, p. 153-174.

droit dans la société française. Cette immigration est devenue visible par les enfants devenus adultes. À ce moment-là, la société française a réagi et le souvenir colonial est revenu.

Au début des années 1990, j'avais le pressentiment d'une opposition, d'une explosion qui, finalement, se produirait dans les banlieues en 2005. Et je percevais l'installation d'un sentiment de rejet, de racisme à l'égard de ces populations. À la question posée par Henry Chapier en décembre 1990 : « Avez-vous le fantasme de l'intolérance qui pourrait surgir brusquement ? Est-ce que cela vous poursuit ? », je répondais : « Oui, il y a un sentiment d'angoisse qui revient, que j'ai connu dans les années 1960. Ce sentiment est en moi, je le porte. J'ai le sentiment de voir les gens non plus essayer de dégager des espaces pluriels, mais tenter de vouloir à tout prix remettre des frontières, des barbelés, remettre des panneaux que j'ai connus dans le quartier de mon enfance : "Interdit par l'autorité militaire". J'ai l'impression pour la fin du XXe siècle du retour du cloisonnement des espaces, des frontières. Or, je suis celui qui veut circuler, connaître d'autres univers, comprendre les autres. Je n'ai pas du tout envie de rester enfermé dans mes racines, dans ma judaïté qui renverrait à une histoire ancestrale, fermée. Or, j'ai de plus en plus une sensation d'enfermement, où l'on nous somme de parler au nom du fait que l'on soit musulman, chrétien ou juif. Je vis cela difficilement. »

Ma fille est décédée en janvier 1992, au moment où, en Algérie, intervenait la fin du processus électoral. Cette coïncidence était plus que troublante pour moi. J'avais suivi pendant quatre ans cette bataille en Algérie, ces espoirs, ces illusions. J'avais vécu aussi l'incroyable courage de ma fille, sa ténacité devant la souffrance. Sa mort, en cette année-là, m'a brisé le cœur. Durant toute cette période, je n'ai pas eu le temps de m'interroger beaucoup sur la manière d'envisager mon avenir, à l'université ou ailleurs. Dès le décès de Cécile, j'ai été littéralement happé par le début de la guerre civile algérienne dans les années 1992-1995.

Pendant ces années terribles, la question de l'impossible travail de deuil, à propos des deux guerres en Algérie, s'est imposée dans mon esprit. À la manière dont un traumatisme, venant à la suite d'un autre traumatisme, contrariait le passage à l'oubli nécessaire. J'avais commencé à écrire cela dans *La Gangrène et l'Oubli*. Je voyais se produire inexorablement, sous mes yeux, avec le développement de la situation algérienne, un télescopage des traumatismes. Les Algériens avaient déjà vécu une énorme blessure pendant la première guerre d'Algérie avec des dizaines de milliers de morts ; avec deux millions de paysans algériens déplacés par l'armée française ; avec le drame des Harkis qui étaient des Algériens musulmans. Et, trente ans plus tard, se déroulait une autre tragédie, une autre guerre, de sorte que le travail de deuil de la première guerre devenait difficile à faire, voire impossible.

Cette terrible guerre civile algérienne a duré plus de dix ans. Nous avons pu observer une série d'événements qui allaient trouver leur accomplissement plus tard, au XXIe siècle, notamment après le 11 septembre 2001 : le surgissement et la nature de l'islam politique ; la façon dont l'État algérien avait riposté de manière très violente à cette insurrection islamiste, par les déportations de milliers de militants ; les exécutions sommaires par les islamistes à l'égard des intellectuels. Également, la difficulté qu'il y avait à condamner, à la fois, un régime autoritaire et un projet de société porté par des intégristes musulmans qui visait à détruire la possibilité d'espace démocratique.

J'ai essayé durant ces quatre années, de 1992 à 1995, de me tenir à distance du soutien inconditionnel à l'État algérien, en tentant de ne pas tomber dans une solidarité aveugle avec les islamistes du FIS. C'était une position incommode que l'on avait déjà connue pendant la première guerre d'Algérie, où l'on était sommé de choisir entre l'Algérie française de fonctionnement colonial et l'acceptation d'une indépendance politique qui pouvait déboucher sur un régime de parti unique. Ce que refusaient des personnes comme Albert Camus.

Cette période m'a éloigné encore davantage du Parti socialiste. Alors que se déployait cette guerre civile algérienne qui faisait chaque jour des centaines de morts, je voyais un parti qui ne s'intéressait que de très loin à cette histoire. Il ne se sentait pas concerné par ce drame pour toute une série de raisons qui tenaient, entre autres, à la culpabilité de la gauche française dans son attitude par rapport à la guerre d'Algérie, et à la question coloniale. J'ai vu beaucoup de militants qui avaient quitté avec moi l'OCI en 1986 s'en éloigner eux aussi. N'y restaient que ceux qui avaient des fonctions électives, en devenant conseillers municipaux, généraux, maires, députés ou sénateurs. Ceux-là participaient à la construction de l'appareil du PS. Bref, la professionnalisation allait de l'avant, et les véritables militants s'éloignaient sur la pointe des pieds d'un parti étranger à leurs préoccupations. J'ai cependant essayé de garder le lien avec le PS, par le biais de Philippe Darriulat, en acceptant une mission que m'avait confiée Henri Emmanuelli, alors président de l'Assemblée nationale. Mission consacrée à l'avenir de la Méditerranée sur le plan politique et culturel. J'ai aussi organisé, au début de l'année 1993, un colloque à l'Assemblée nationale rassemblant des intellectuels algériens dont le sociologue Lahouari Addi, l'historien Abdelmadjid Merdaci et l'écrivain Tahar Djaout, qui serait assassiné par les islamistes quelques semaines après. Nous y avons débattu de la situation politique en Algérie, des moyens d'en sortir, essayant de trouver des solutions pour un pays où les camps paraissaient irrémédiablement s'opposer dans une guerre sans pitié. Mais cette « mission » ne m'a pas conduit à « repartir » avec le PS.

Ce parti encore au pouvoir me semblait toujours aussi éloigné de mes préoccupations, notamment au sujet du développement de la tragédie algérienne. L'histoire coloniale, l'avenir du Maghreb, le sort des minorités vivant à l'intérieur de la société française, tous ces questionnements sur le « Sud » me paraissaient très loin de l'activité du parti. De sorte qu'à l'élection de 1993, je n'ai pas été étonné lorsque ce dernier a vécu un des pires moments de son histoire en n'obtenant qu'une cinquantaine de députés. Ce fut une déroute. J'ai réalisé à quel point il était à côté d'une société naissante. Un monde changeait sans lui, avec la chute du communisme, la réorientation de ce qui se passait au Moyen-Orient, l'existence de nouvelles émigrations/minorités à l'intérieur de la société française. Durant l'année 1994, j'ai mené un chemin solitaire de solidarité, de discussions, d'entraide avec des militants démocrates algériens fuyant l'épouvantable guerre civile algérienne, mais sans aucun lien particulier avec la gauche traditionnelle française. L'année 1994 fut d'une extrême violence en Algérie. Je me sentais très fatigué mais j'étais persuadé qu'il s'agissait de la manifestation de mon chagrin, de ma peine qui s'installait à la suite du décès de Cécile. Je ne savais pas que pesait sur mon état de santé une sérieuse menace. Et, en janvier 1995, encore un mois de janvier, j'ai fait un infarctus, difficile à stabiliser, qui a débouché sur une intervention de chirurgie cardiaque. Les suites n'ont pas été simples. Je suis resté entre la vie et la mort plusieurs jours. À l'issue de ce nouveau drame, une nouvelle vie commençait pour moi.

Menaces

Le 26 janvier 1995, victime d'une crise cardiaque, je me suis effondré sur la grande passerelle de l'université Paris-VIII où j'enseignais depuis 1986. Je n'arrivais plus à respirer, ma poitrine brûlait littéralement.

Par chance, j'ai été secouru, sauvé, par un vieil étudiant qui avait assisté à mon séminaire sur l'histoire du Maghreb contemporain. Il m'a emmené au Centre cardiologique du Nord (le CCN) qui était tout près. Le mot chance a tout son sens car ce vieil étudiant était lui-même… cardiologue. J'ai été opéré très vite à l'hôpital Broussais par les professeurs Deloche et Carpentier. L'intervention a duré neuf heures, c'était un quadruple pontage coronarien. Je suis resté plusieurs jours dans le service de réanimation, entre la vie et la mort. J'ai réellement cru être passé « de l'autre côté du miroir » dans cette salle de réanimation, attaché, avec cette sensation d'être « livré » au personnel soignant, sans pouvoir agir, bouger, me lever. Cette souffrance, cette sensation de mourir a déjà été racontée par d'autres auteurs, comme Philippe Labro, qui dit bien cet état de douleurs et de rêves éveillés : « On ne voit que des lambeaux, des morceaux, un chaos de vie. C'est le désordre, le charivari, le maelström, c'est un kaléidoscope qui s'agite furieusement, et qu'aucune main ne repose afin que l'image se stabilise. C'est du fragmenté, de l'éclaté, de l'atomisé comme si vous vous retrouviez dans un chaudron, un tuyau qui se retournerait dans tous les sens, et charrierait des débris de vie. Ou de rêve. Vous êtes à l'épicentre d'une sorte de séisme. Vous êtes le séisme[1]. » Et aussi cette expérience du malade, qui devient « une sorte de déchet social », comme l'a écrit dans son beau livre le philosophe Ruwen Ogien[2].

1. Philippe Labro, *La Traversée*, Paris, Gallimard, « Folio », 1998, p. 75.

2. Ruwen Ogien, *Mes Mille et Une Nuits. La maladie comme drame et comme comédie*, Paris, Albin Michel, 2017. Ruwen Ogien est décédé

À ma sortie de l'hôpital, en mars 1995, mon état d'esprit ne pouvait plus être le même. Mon activité politique et intellectuelle était totalement au ralenti. Cependant, je n'ai eu que quelques semaines de répit avant d'être rattrapé par l'actualité. J'ai reçu des menaces de mort à mon domicile sous la forme d'un petit cercueil en bois, avec un linceul à l'intérieur ainsi qu'un message sur lequel étaient recopiés des versets du Coran. Voici le message :

Monsieur Stora,

Veuillez trouver ci-joint un bout de linceul avec lequel on vous enterrera. Vous subirez le sort des Impies, Mécréants, juifs, Communistes, et toutes ces filles ou femmes putains que nos frères exécutent en les égorgeant et en les décapitant ensuite. Vous monsieur Stora, ce sera du 11.43 gros calibre. On tuera tous nos ennemis et si on vous rate on tuera votre femme, ça se passera un matin très tôt, ou un soir. D'ailleurs les repérages ont été faits, dans votre quartier ou à la faculté. Ça fera du Bruit. Si on peut Enlever votre femme, on l'égorgera puis on la Décapitera et on déposera la tête chez vous.

S'il faut tuer aussi toute l'Algérie, et tout brûler, nous le ferons.

Allah Akbar ! Prépare la CHAHADA très vite ! Vive le FIS ! Vive le GIA ! Toi ou ta femme Vous mourrez Inch Allah, BIENTÔT.

---

peu de temps après la parution de son ouvrage.

Avec le deuil, la maladie, la souffrance, voilà que s'ajoutait un autre rapport à la mort, cette fois directement en prise avec mes activités intellectuelles et politiques.

En juillet et août 1995, une série d'attentats ensanglanta Paris. En octobre 1995, ma meilleure amie, la sociologue et philosophe Monique Gadant, auteure d'une magistrale étude sur le nationalisme algérien et les femmes, fut renversée par un vélo. Le cycliste a pris la fuite et n'a jamais été retrouvé. Après six jours passés dans le coma, Monique est décédée. La mort rôdait, décidément. Sur les recommandations du ministère de l'Intérieur de l'époque, il a été décidé que je quitte la France avec ma famille pour « me mettre à l'abri ». Après beaucoup d'hésitations et réflexions sur la destination, nous avons décidé de partir pour un pays lointain : le Vietnam. Ce pays avait été celui de l'un de mes engagements politiques de jeunesse dans les années 1960-1970. Ce pays était aussi celui de mes travaux et de mes recherches sur l'histoire de la colonisation qui avait précédé la guerre d'Algérie. Sans compter le travail de fiction auquel j'avais participé avec le film *Indochine* de Régis Wargnier, trois ans auparavant.

Nous sommes donc partis, Claire, mon fils Raphaël et moi, à la fin de l'année 1995, vers la ville de Hanoï où nous nous sommes établis pendant plus d'une année. Nous y avons vécu dans une grande solitude. Heureusement, nous avons rencontré Paul Jean-Ortiz, à l'époque numéro deux de l'ambassade de France à Hanoï. Lui et sa femme Sarah étaient une présence rassurante. Ancien militant trotskiste (mais d'une autre tendance que la mienne), Paul deviendra le conseiller diplomatique de François Hollande lorsque celui-ci accédera à la présidence de la République en 2012. Il décédera en juillet 2014 d'un cancer du poumon. Il était devenu mon meilleur ami.

J'ai raconté ce séjour au Vietnam dans un livre, *Voyages en postcolonies*. Je l'ai vécu de façon très particulière, à la fois par mon éloignement de l'actualité française et algérienne, mais aussi par cette longue, interminable convalescence, dans la langueur inhérente au climat vietnamien, je dirais « indochinois », aperçu dans les romans de Marguerite Duras. J'ai retrouvé l'état d'esprit de cette période en relisant la correspondance que j'ai eue avec la psychanalyste Alice Cherki[1]. Dans une lettre envoyée de Cao Bang, je lui disais combien il était difficile pour moi de vivre dans l'hiver humide du Vietnam. Après l'Algérie, ce pays a beaucoup compté dans mon itinéraire personnel, politique, idéologique. Entre les deux, je percevais des ressemblances nombreuses et surtout la persistance d'une culture de guerre. Presque une culture « du couvre-feu » dans l'austérité des villes, Hanoï ou Alger, bruyantes le jour, et désertes, silencieuses lorsque la nuit tombait. J'étais à Hanoï, je songeais à Alger. Et je restais « accroché », grâce aux journaux envoyés depuis Paris par des amis, à l'actualité algérienne. C'était désespérant. Avec la succession

1. Un grand merci à Alice Cherki qui a publié l'ensemble de cette correspondance dans son ouvrage *Mémoire anachronique. Lettre à moi-même et à quelques autres*, La Tour d'Aigues, Éditions de l'Aube, 2016.

de meurtres, la montée de l'intégrisme religieux, et l'immobilisme, l'arrogance du pouvoir. Mais, en même temps, je découvrais les beautés du Vietnam. Nous sommes descendus dans le Sud, à Saïgon et sur la plage de Nha Trang, avec un détour pour voir le delta du Mékong. J'ai vu le contraste avec le Nord, les lourdeurs tropicales, les paysages verts et bruns, une population plus ouverte et moins « réticente » à l'égard d'Occidentaux. Le Sud ne s'était fermé qu'en 1975, après la victoire contre les Américains, contrairement au Nord, replié sur lui-même dès 1955 avec une « terrible réforme agraire » qui avait provoqué un exode, puis la guerre contre le Sud-Vietnam. Cependant, le « Nord », avec ses visages fermés, son ciel bas parfois, ses rudesses et sa capitale Hanoï, me paraissait beaucoup plus intéressant. Les gens du Nord du Vietnam restaient austères et fiers, presque méprisants à l'égard de ceux du Sud. J'avais quelquefois l'impression de retrouver la vieille opposition entre l'Est algérien et le reste du pays.

Et je constatais que, comme en Algérie, il n'y avait pas de « silences » sur les guerres. Bien au contraire. Les commémorations en tous genres se multipliaient dans les rues et les musées fréquentés par de nombreuses personnes. J'ai ainsi renoncé à visiter le mausolée d'Ho Chi Minh à cause de l'attente interminable. J'ai aussi été surpris par le fait que le thème du communisme était minimisé, alors que celui de l'indépendance nationale était survalorisé. Ce « nationalisme tropical » exacerbé, enrobé de socialisme, me faisait davantage penser à Cuba qu'à la Chine, pourtant toute proche. Vingt ans après la fin de la guerre, je voyais bien que le « nationalisme » dans la société vietnamienne signifiait un certain attachement, une forme d'enchaînement au traumatisme vécu. Cette « liquidation » traumatique était loin d'être achevée.

C'est ainsi que loin, très loin de la France et de l'Algérie, je me suis éloigné de la réalité politique, en particulier du retour de la gauche au pouvoir en 1997. Ce voyage au bout du monde m'a permis de réfléchir, trente ans après 1968, aux destinées d'une génération qui avait combattu pour la décolonisation et contre la guerre du Vietnam ; qui s'était engagée pour la conquête de nouveaux droits et contre les injustices, la corruption.

Les « affaires »

Nous sommes restés six années à l'étranger, dont plusieurs années au Maroc, à Rabat. C'est pendant mon séjour dans ce pays, en 1998-2000, qu'a éclaté l'affaire de la Mutuelle nationale des étudiants de France (MNEF). J'ai eu mauvaise conscience, au début des années 1980, en quittant ma vie de « permanent », pour m'orienter vers une activité professionnelle. Je quittais une partie de mes camarades qui avaient décidé de poursuivre l'activisme politique, ou qui avaient voulu rester dans le sillage du monde étudiant, de ses effervescences idéologiques, de ses tensions vives au contact du réel. Je partageais encore à cette époque la conception romantique de la génération née dans le bouillonnement révolutionnaire, inséparable quels que soient les destins futurs. Cette fraternisation générationnelle que le grand historien de la Révolution française, Michelet, appelait de ses vœux, parce que les « jeunes » refusaient l'égoïsme de leurs aînés, c'est-à-dire des pères, la bourgeoisie en place. Et Michelet donnait cette définition, surprenante, du mot « jeune » : « Cela veut dire actif, vivant, concret, le contraire de l'abstrait ; cela veut dire chaleureux et sanguin, encore entier, spontané de nature ; enfin, comme on nous a aussi appelés, nous autres sortis du peuple, barbare ; ce mot m'a toujours plu[1]. » Le jeune homme ou l'étudiant – les deux termes étaient employés comme synonymes par Michelet – représentait aussi « le médiateur, le pacificateur de la Cité », le seul véritable espoir de « rénovateur social ». Cet utopisme qui affirmait la solidarité au sein d'une génération, et en laquelle j'ai longtemps cru, a volé en éclats, définitivement, au moment des « affaires de la MNEF ». J'ai découvert alors, jour après jour, accablé et sidéré, ce qui s'était passé dans les années 1980-1990. Je voyais certains de mes anciens camarades plongés dans l'affairisme, les marchés passés sans appel d'offres, les histoires d'immobilier, bref tout ce que nous avions dénoncé pendant nos années de militantisme.

Après 1968, la Mutuelle étudiante était devenue l'enjeu d'une lutte implacable entre les différentes tendances qui se disputaient à l'intérieur de l'UNEF, syndicat étudiant entré en crise profonde

1. Jules Michelet, *L'Étudiant*, précédé de *Michelet et la parole historienne*, par Gaëtan Picon, Paris, Le Seuil, 1970, p. 77.

au début des années 1970. L'heure était au « mouvement politique de masse », le syndicalisme étudiant semblait complètement archaïque, dépassé par la marche inexorable vers la révolution. La bataille s'est donc menée pour récupérer le sigle UNEF, entre le PSU, qui dirigeait l'UNEF en mai 1968, le PCF qui voulait à tout prix s'implanter dans un monde étudiant hostile à lui pendant la grève générale, et les trotskistes lambertistes qui, à la différence des autres trotskistes de la LCR, voulaient conquérir un point d'appui dans le monde syndical ouvrier par l'intermédiaire du syndicalisme étudiant. En 1971, la direction du PSU jetait l'éponge et quittait le syndicat. Une bataille homérique commença entre les « stals » de l'UEC (Union des étudiants communistes) et nous. Une bataille physique, terrible, qui atteignit son apogée le 10 janvier 1971 et se conclut par la scission définitive entre les deux mouvements. Nous avons créé l'UNEF-Unité syndicale (UNEF-US), qui sera présidée par Michel Sérac (aidé de Pierre Nesterenko et Daniel Shapira), puis par Denis Sieffert (aidé de Jean-Louis Wander, Laurent Mauduit et Philippe Plantagenest). Le PCF, dans un accord avec une tendance du PS, le CERES, se lança de son côté dans la création d'une autre organisation, l'UNEF-Renouveau. Pendant quelques années, les communistes, aidés par les militants socialistes du CERES, réussiront à s'emparer de la MNEF. Mais, à partir de 1979, et après l'arrivée à la direction de Jean-Christophe Cambadélis à la tête du syndicat, les choses changèrent. Nous avions décidé la « réunification » de l'UNEF dans un accord avec la tendance mitterrandiste du PS (dirigée par Jean-Marie Le Guen et Jean-Michel Grosz) et avec la tendance rocardienne (emmenée par les militants Stéphane Fouks et Alain Bauer). Les étudiants de la LCR (dirigés par Julien Dray) rejoindront ensuite le processus. La MNEF était alors un « trésor de guerre » de grande valeur, permettant de « permanentiser » des militants syndicaux. Le syndicat et les mouvements étudiants de gauche et d'extrême gauche de l'époque n'avaient pas les moyens de donner des salaires à leurs principaux dirigeants. Après le congrès de Nanterre en mars 1980, qui consacra la « réunification » entre les différentes tendances socialistes ou trotskistes, les « stals » furent « éjectés » de la Mutuelle. Une autre histoire commençait, qui coïncidait avec la montée en puissance de la « professionnalisation » du militantisme politique dans les années 1980, et de l'affairisme individualiste.

De Rabat, je suivais cette actualité au jour le jour et en particulier les enquêtes publiées dans le journal *Libération* sous la signature d'Armelle Thoraval. Ayant quitté la direction du « travail étudiant » de l'OCI fin 1981, je suis devenu enseignant en 1982. J'ignorais complètement ce qu'était devenu le fonctionnement de la MNEF. Près de vingt ans après, en avril 1998, à la suite d'informations sur les comportements particulièrement dispendieux de ses dirigeants et dans l'attente d'un rapport de la Cour des comptes, *Libération* annonçait un avis de tempête sur la Mutuelle des étudiants de France. « Aujourd'hui ou demain, la tornade se rapprochera encore un peu plus de cette citadelle socialiste. La justice va s'intéresser à ce dossier qui fera l'objet d'une double procédure, ce qui est en soi déjà exceptionnel : l'ouverture d'une information judiciaire, entre autres pour abus de confiance, et l'ouverture d'une enquête préliminaire. Le procureur de la République de Paris en a ainsi décidé en fin de semaine dernière. Dans le cadre d'un rapport sur le régime de sécurité sociale étudiante, la Cour des comptes a effectué un contrôle de plusieurs mutuelles étudiantes, dont la MNEF, citadelle éminemment politique de la gauche, où les rocardiens, puis les hommes du CERES (chevènementistes), et enfin l'équipe actuelle – savant mélange issu de l'extrême gauche et du socialisme mitterrandien – ont successivement élu domicile. Ce travail a été achevé. Il met en évidence tous les problèmes relatifs à la gestion déléguée de la Sécurité sociale par des mutuelles dont les coûts sont beaucoup plus élevés que ceux des caisses d'assurance maladie. Parallèlement, la Cour a poursuivi ses investigations et prépare un rapport spécifique sur la MNEF et certaines de ses filiales, qui devrait être remis aux ministres compétents, Martine Aubry et Bernard Kouchner[1]. » Devant la gravité de certains faits et avant même d'avoir achevé ce second rapport, le parquet général de la Cour des comptes effectuait une dénonciation pénale au parquet de Paris, ce que révélera ensuite le journal *Le Parisien.* L'information judiciaire visait une série de faits concernant notamment toute la partie communication des activités de la Mutuelle. Des soupçons d'énormes

1. *Libération* du 7 septembre 1998, sous la signature d'Armelle Thoraval.

surfacturations étaient évoqués. L'enquête visera toute la nébuleuse de filiales et sous-filiales de la Mutuelle, qui s'était diversifiée dans l'immobilier, la restauration collective ou l'informatique. Une nébuleuse dans laquelle la Compagnie générale des eaux avait fait son entrée en 1997. Dominique Strauss-Kahn, ministre des Finances dans le gouvernement de Lionel Jospin, avait d'ailleurs participé à l'opération pour une rémunération de 600 000 francs en tant qu'avocat d'affaires. Avec l'ouverture de cette information judiciaire, un administrateur provisoire fut nommé. Des années auparavant, en 1983, le contrôle de la Cour des comptes évoquait déjà les indemnités versées aux administrateurs. Dans sa note sur la MUL (Mutelle universitaire du logement, une filiale de la MNEF), la commission constatait : « Ces éléments jettent un doute sérieux sur l'utilisation des cotisations versées par les adhérents. » Le train de vie dispendieux des dirigeants avait été à nouveau dénoncé lors d'une expertise des comptes de la MISEC (Mutuelle interprofessionnelle du Sud-Est et de la Corse), sans suivi. Plus de quinze ans après, en 1998, autour de la MNEF gravitait un « entrelacs complexe et obscur d'une cinquantaine de sociétés commerciales réalisant un chiffre d'affaires d'environ 2,5 milliards de francs », pouvait-on lire dans *Le Point* du 4 juillet 1998.

Les dérives constatées par la Cour des comptes avaient conduit le parquet à ouvrir, en septembre 1998, une première information judiciaire contre X pour « faux, usage de faux, abus de confiance, recel » et « prise et conservation illégale d'intérêts » sur les relations de la MNEF avec trois sociétés de communication. Une enquête préliminaire était confiée à la brigade financière sur le fonctionnement global de la MNEF et de ses filiales. Les enquêtes concluront à l'existence d'un système de fausses factures mis en place par l'intermédiaire notamment de la société EFIC et d'autres filiales, et déboucheront sur des inculpations pour enrichissement personnel et emplois fictifs. Très vite, la presse révélera que diverses personnalités avaient été mises en cause dans l'affaire, notamment l'ancien directeur de la MNEF, Olivier Spithakis, son ancien président Jean-Michel Grosz, et le député Jean-Christophe Cambadélis. Un autre député socialiste, Jean-Marie Le Guen, avait également été mis en examen pour un présumé emploi fictif. Alors ministre de l'Économie et des Finances dans le gouvernement de Lionel Jospin, DSK fut contraint de démissionner de son poste le 2 novembre 1999. En mars 2004, dans le volet financier de l'affaire, Olivier Spithakis était condamné à deux ans de prison dont six mois avec sursis pour « complicité d'abus de biens sociaux, détournement de fonds publics et abus de confiance ». Au bout de huit ans de procédure, des peines de prison avec sursis – la plupart étant couvertes par la loi d'amnistie votée après la présidentielle de 1995 – et des amendes ont finalement été prononcées à l'encontre de 17 prévenus dans le procès des emplois présumés fictifs de la MNEF. Jean-Christophe Cambadélis fut condamné à six mois d'emprisonnement avec sursis et 20 000 euros d'amende pour « une supposée mission de conseil sur les étudiants étrangers », entre 1991 et 1993. Jean-Michel Grosz à deux ans avec sursis et 150 000 euros d'amende, et Olivier Spithakis à deux ans avec sursis et 50 000 euros.

Le journal *Le Monde* évoquera, au terme de ce procès, « le naufrage de la génération Mitterrand[1] ». En 2000, la Mutuelle étudiante fut mise sous tutelle par la Commission de contrôle des mutuelles et des institutions de prévoyance. Le mutualisme étudiant traversait une période de crise profonde et, finalement, la MNEF fut liquidée. Afin de préserver le régime étudiant de Sécurité sociale, une nouvelle mutuelle nationale sera créée, La Mutuelle des étudiants (LMDE). Le sigle MNEF avait disparu.

Je pensais connaître les activités, et la personnalité, de ceux que j'avais fréquentés et dirigés pour quelques-uns à la fin des années 1970 et au début des années 1980. Mais je n'avais pas vu leur nouvelle vie, mélange de retour à la réalité par rupture avec des dogmes idéologiques, suite de militantisme avec professionnalisation de la politique, et volonté d'enrichissement personnel. Les années 1980 étaient passées par là.

Plusieurs années après, quelques-uns de mes amis m'ont questionné autour de ces « affaires » qui avaient entaché le passé militant de tous ceux qui s'étaient engagés dans les années post-68 : « Pourquoi n'as-tu rien vu du changement, et de l'enrichissement de ceux dont tu étais si proche ? » Cette question m'a évidemment troublé, touché, et il m'a fallu du temps pour apporter des réponses. J'ai dirigé le « travail étudiant » de l'OCI de 1976 à 1982. C'était dix ans après 68, le souffle du romantisme révolutionnaire était bien atténué. Pour la plupart « trentenaires », les militants

1. *Le Monde*, 2 juin 2006.

songeaient à fonder une famille, finir leurs études, s'orienter dans la vie professionnelle. Pour une majorité d'entre eux très actifs, l'arrivée de la gauche au pouvoir en 1981 signifiait le ralentissement ou la fin des combats politiques. C'était comme si les promesses ouvertes par 1968 se réalisaient enfin, après les longues attentes et les défaites, en particulier celle de l'élection présidentielle de 1974. Mai 1981 était vécu comme un aboutissement possible de mai 1968, et comme un soulagement : toutes les batailles n'avaient donc pas été livrées pour rien. Des objectifs, encore très imparfaits, étaient quand même atteints dans le registre sociétal (plus de libertés pour les femmes, la carte de séjour de dix ans pour les immigrés, ou l'abolition de la peine de mort). Nous pouvions passer à autre chose.

Pourtant, je ne crois pas qu'il y ait eu alors la croyance en une gauche bouleversant profondément le cours de l'Histoire et le fonctionnement de la société. La victoire de François Mitterrand était une fin de course, une fin d'époque, le passage d'une génération à une autre. Et un moment de retrait, silencieux, hors de la politique révolutionnaire. Le film de Romain Goupil *Mourir à trente ans*, sur le suicide d'un militant de la Ligue communiste révolutionnaire, son ami Michel Recanati, nous avait impressionnés. Il brouillait notre rapport à l'engagement, jetant des lumières sombres sur la révolution ; nous étions seuls face à nos responsabilités d'adultes. Certains ont poursuivi une forme d'engagement par le dévoilement des dysfonctionnements de notre société en se lançant dans le journalisme[1]. D'autres ont déplacé leur intérêt pour la vie sociale vers une activité universitaire. Ce fut mon cas.

Mais je sais bien que ces motifs de l'âge, de l'entrée dans la vie sociale et familiale, du contexte politique, si fondés soient-ils, ne suffisent pas à expliquer les évolutions de certains de mes anciens camarades. À la fin des années 1970, la rigueur, l'entêtement, la patience n'étaient plus de mise. À l'approche de la prise du pouvoir par le Parti socialiste, l'appétit de reconnaissances publiques et médiatiques et le désir d'aisance matérielle s'affirmaient. Le socialisme semblait coincé entre un communisme enchaîné par la bureaucratie stalinienne et un radicalisme révolutionnaire, impuissant, inefficace dans la transformation réelle des sociétés. Le dégagement hors des pratiques autoritaires et verticales menait bon nombre de militants vers la nécessité de trouver plus d'autonomie dans la conduite de leur vie. L'individualisme naissant allait de pair avec la crise de l'engagement collectif. Ce mouvement général dans la société s'est accompli au moment même où s'opérait la réunification syndicale de l'UNEF en 1980 : les trotskistes jeunes faisaient l'apprentissage d'un compagnonnage avec la social-démocratie. L'accélération des carriérismes fut accentuée par le contrôle de la MNEF, en 1979. La prise de ce « trésor de guerre », servant d'habitude à financer le syndicalisme, a changé la

1. Voir, à titre d'exemple, les itinéraires de Denis Sieffert, Edwy Plenel, Laurent Mauduit, Pierre Marcelle, Dominique Paganelli, et de nombreux autres...

donne. L'heure était à la compétitivité, aux placements financiers, à la rentabilité par la création de sociétés, sous couvert d'aider le syndicat étudiant.

C'est précisément à ce moment-là, en 1982, que j'ai quitté mes responsabilités pour enseigner, dans les écoles normales d'instituteurs, à la prison de Poissy puis à l'université. J'ai « bifurqué » en continuant mon travail d'historien sur la « révolution algérienne » et en m'intéressant de plus en plus à la vie politique de l'Algérie. La mort de Houari Boumediène et l'arrivée au pouvoir de Chadli Bendjedid, en 1979, coïncidaient presque avec l'arrivée de la gauche au pouvoir en France en 1981. Il y avait, d'un côté, en France, l'usure, le sentiment que la dynamique ouverte par 1968 se terminait là, par l'arrivée au pouvoir du PS ; et de l'autre côté, en Algérie, l'espérance d'une situation nouvelle, avec les revendications démocratiques du « printemps berbère » en avril 1980, l'apparition d'une Ligue des droits de l'homme algérienne en 1983[1], les batailles pour les droits des femmes contre le Code de la famille voulu par le pouvoir algérien, en 1983-1984.

À cette époque où j'ai changé d'identité en devenant un spécialiste de l'histoire algérienne et de l'immigration, je n'ai pas vu les « bifurcations » de certains, passant de la lutte pour la justice sociale à l'appât du gain, de l'égalité politique aux postes à occuper dans les appareils de pouvoir.

1. J'ai ainsi organisé en mars 1984 un grand meeting à la Mutualité, à Paris, pour la libération de militants politiques et la légalisation de la Ligue des droits de l'homme en Algérie.

Peut-être ai-je préféré les ignorer et m'en tenir loin. J'étais déjà ailleurs, en devenant enseignant, et en soutenant en 1984 ma seconde thèse d'histoire, une « Sociologie des militants du nationalisme algérien ». J'avais désormais plus d'amis dans le monde de l'immigration algérienne que dans l'univers étudiant lors de notre sortie de l'OCI en 1986. Je ne garderais à l'esprit que les souvenirs des combats de jeunesse, sans cesse rabâchés dans des repas d'« anciens », ou les vieux automatismes pour analyser une situation politique française ou internationale. La maladie de ma fille en 1988, puis son décès en 1992, ma crise cardiaque en 1995, les menaces de mort proférées provoquant mon exil pendant de longues années à l'étranger m'éloigneront plus encore de ce monde.

4

La politique sous une autre forme

Cette affaire de la MNEF m'a, en effet, encore plus éloigné du « monde » du Parti socialiste, qui avait repris le pouvoir en 1997, et de certains de mes anciens camarades de jeunesse. Elle marque véritablement une rupture avec mon passé.

Après être rentré en France, peu avant l'élection présidentielle de 2002, j'ai vu la défaite de Lionel Jospin au premier tour, et donc l'élimination de la gauche au second tour. Le PS était revenu au pouvoir sans tenir compte de sa déroute de 1993. Il continuait sa vie politique comme par le passé, avec un vocabulaire très radical lorsqu'il se tenait dans l'opposition, et s'adaptant facilement aux logiques du marché dans l'exercice du pouvoir. Progressivement, cette attitude sera perçue comme du cynisme par une partie de plus en plus grande de son électorat. Je n'ai pas été surpris par la force du Front national, que l'on disait moribond, enterré suite à la scission avec Bruno Mégret dans les années 1998-1999. Cette scission n'avait pas touché le cœur de son électorat, peu concerné par les questions économiques (par exemple le rapport à la sortie de la France de l'Europe), et toujours déchaîné sur les problèmes de migrations et de préservation de l'« identité nationale ». Et même si certains croyaient à sa disparition, comme le Manifeste contre le Front national qui avait cessé d'exister à ce moment-là, j'ai toujours pensé le contraire. En 1999, j'écrivais, dans *Le Transfert d'une mémoire*, que son électorat irait en grossissant, notamment parce qu'il était adossé à une mémoire de revanche, celle de la perte de l'Algérie française. Ce livre revenait sur l'importance de la question mémorielle pour le Front national, en particulier la mémoire coloniale[1].

L'élimination du Parti socialiste de la présidentielle de 2002 et l'élection de Jacques Chirac m'ont conduit à réfléchir sur le fait que ni à droite ni à gauche les leçons n'avaient été tirées sur l'installation durable du Front national dans le champ politique, et qu'il commençait à capter des voix venant de la gauche traditionnelle. À droite, parce que Jacques Chirac n'avait fait aucune tentative d'ouverture politique, alors qu'il avait été élu avec plus de 80 % des voix, notamment en direction de l'électorat de gauche. Et à gauche, parce que le Parti socialiste a continué de vivre comme auparavant. Avec ses notables et ses batailles internes de courants pour des postes en prévision d'une reconquête du pouvoir. Bref, je me tenais loin de ce jeu politique, captivé davantage par le bouillonnement

1. L'ouvrage a été republié en 2016, aux éditions Albin Michel, sous le titre *Les Mémoires dangereuses*, augmenté d'un dialogue avec le romancier Alexis Jenni.

qui existait dans la société française, notamment sur les questions mémorielles. De ce point de vue, l'année 2005 marqua un tournant avec, d'un côté, le vote à l'Assemblée nationale de la loi sur la « colonisation positive » ; et, de l'autre, les graves émeutes de banlieue qui ont été l'occasion d'un soulèvement d'une partie de la jeunesse postcoloniale, la plus démunie socialement et la plus isolée politiquement.

Au cours des années 2000, un sujet s'est progressivement installé dans la société politique et intellectuelle sous l'étiquette « identité française », poussé par l'extrême droite, et le Front national en particulier. Il place la question de l'islam au centre des préoccupations, des affrontements, des débats à caractère politique ou intellectuel. L'« identité nationale », en devenant une priorité, a occulté la question sociale, qui a perdu progressivement du terrain dans les grands combats politiques. Pourtant, des manifestations sociales se sont poursuivies, contre le nouveau système des retraites – mis en place par François Fillon en 2003 –, ainsi que différentes grèves dans la fonction publique ou ailleurs. Mais le virage a été pris, dans ces années 2000. Les thèmes de l'identité et de la sécurité ont été dès lors intimement liés, tournés vers un seul objectif : la lutte contre l'immigration. Pour tenter de calmer, ou d'enrayer, cette poussée xénophobe très forte, Jacques Chirac, nouvellement élu, a pris l'initiative de lancer en 2002 une « mission de préfiguration » pour une Cité nationale de l'histoire de l'immigration. L'objectif assumé était d'inverser les regards de plus en plus négatifs sur l'immigration.

En cette année 2005, différents événements ont joué un rôle considérable. En premier lieu, la question du référendum sur le traité européen rejeté par la majorité des Français. Une partie de la gauche sous-estima la mobilisation massive de la droite et de l'extrême droite française contre l'Europe, en brandissant des accents nationalistes. Elle a cru être la seule à combattre sur cette question du « Non au référendum ». Sans voir que son « allié » principal était précisément une partie de la droite et de l'extrême droite. Le Parti socialiste s'est fracturé sur cette question : Laurent Fabius et Jean-Luc Mélenchon se prononcèrent pour le « Non », contre la majorité du parti. Le vote par l'Assemblée nationale française d'une loi reconnaissant le caractère « positif de la colonisation française » fut l'autre fait marquant de cette année-là. Cette loi a heurté considérablement ceux que l'on appelait les « anciens colonisés », d'Alger à Dakar et jusqu'aux Antilles. Elle a provoqué d'importantes protestations, de vifs débats autour de la colonisation « positive ». Le troisième événement-tournant de l'année 2005 est celui qui a vu des milliers de jeunes se heurter aux forces de l'ordre dans les cités de la périphérie de nombreuses grandes villes.

Ces événements conjugués annonçaient en fait un grand changement dans la vie politique française : la condamnation de l'Europe sur le plan électoral ; la montée en puissance du débat sur l'identité et l'islam ; le refus de condamner la colonisation dans l'histoire intérieure française ; l'installation d'un sentiment de suspicion très fort à l'égard de l'État dans les nouvelles immigrations postcoloniales, d'origine africaine et maghrébine. En 2007, Nicolas Sarkozy, le candidat de la droite traditionnelle, sera porté à la présidence de la République française sur l'ensemble de ces thématiques.

Une fois de plus, la gauche classique, notamment le Parti socialiste, n'avait pas pris la mesure de ces changements. Dans ce contexte, avec quelques amis, dont Michel Broué, Jean-Louis Wander et Jean Grosset, nous avons pris l'initiative de créer un club politique qui a fonctionné de 2002 à 2006, baptisé « Mémoire et politique ». Pour rester fidèle à la mémoire de notre engagement antérieur, tout en tenant compte des nouvelles actualités sociales, culturelles, politiques. Nous le concevions comme un laboratoire d'idées sur les questions touchant à l'égalité politique, l'immigration, la politique internationale, les droits sociaux. Nous nous sommes réunis régulièrement une fois par mois dans une salle de l'École normale supérieure obtenue grâce à Michel Broué. Les réunions de ce club ont rassemblé près de trois cents participants, tous d'ailleurs n'étant pas issus de notre histoire ancienne, celle de « la dernière génération d'Octobre ». Ainsi Edwy Plenel[1] a-t-il joué un rôle d'animateur important en intervenant sur les sujets touchant à la liberté de la presse ou au fonctionnement de la démocratie sous la Ve République. François Hollande, alors premier secrétaire du PS, est venu pour des interventions sur la politique des

1. Sur son ancien itinéraire de militant trotskiste à la LCR, voir son ouvrage *Secrets de jeunesse*, Paris, Stock, 2001.

socialistes alors dans l'opposition ; et un débat fameux a opposé Henri Weber à Daniel Bensaïd en 2005 sur les filiations politiques détruites ou poursuivies depuis 1968. Malheureusement, nous n'avons pas publié toutes ces conférences et interventions. Et nous ne sommes pas parvenus à peser, à infléchir les orientations à gauche, notamment au PS qui se préparait à reprendre le pouvoir. Le club s'est autodissous dans l'année 2006, à la veille de la campagne de l'élection présidentielle qui a vu la victoire de Nicolas Sarkozy et la défaite de Ségolène Royal. Cette initiative a été ma dernière tentative d'engagement ; un dernier lien tenté pour faire vivre les débats de la génération de l'après-68.

C'est à travers la vie de ce club que j'ai acquis la certitude de ce que je pressentais depuis fort longtemps. Cette structure regroupait en fait une centaine d'anciens militants de l'OCI (ce qui est beaucoup, trente ans après leur rupture avec cette organisation) qui voulaient se retrouver sur une base simple : le refus du reniement des idéaux de jeunesse, et la démarcation à l'égard de ceux qui avaient été emportés dans l'affaire de la MNEF. Il s'agissait, sans le dire vraiment, de préserver notre mémoire ancienne (c'était aussi dans cet objectif que je m'étais lancé dans la rédaction du livre *La Dernière Génération d'Octobre*, publié en 2003). Mais on ne construit pas une espérance politique sur des nostalgies à préserver, ni en se posant en gardiens de mémoires. Notre présent n'était plus le même depuis longtemps. Les motivations d'appartenance à ce club des uns et des autres étaient différentes. Il y avait ceux qui entendaient profiter de l'occasion pour renforcer leur position au sein de l'appareil socialiste, en jouant sur le fantasme d'une solidarité entre « anciens » toujours forte. Ceux qui espéraient jeter les bases d'une tendance de gauche au sein du PS, projet qui avait été le nôtre au moment de la sortie de l'OCI, et qui n'avait jamais vu le jour. Ceux qui voulaient ressusciter le passé disparu de l'engagement révolutionnaire, en s'accrochant aux mots d'ordre anciens de la « nationalisation » ou de l'« ouverture des livres de compte » pour faire payer les riches, comme solution à la sortie d'une crise économique. Certains venaient là pour consolider leur carnet d'adresses. Mais il y avait surtout ceux qui retrouvaient la chaleur d'une famille enfin reconstituée, après avoir trop longtemps vécu en orphelins du marxisme et de la politique. Moi-même, je « naviguais », je n'étais pas très au clair sur mes motivations : chagrin politique ? Goût jamais évanoui du débat et de l'engagement ? Espérance de transformation d'une gauche renouant avec les combats menés dans la société ? Nostalgie d'un passé militant disparu ? Sans le formuler consciemment, c'était l'aboutissement de tout un processus intérieur pour tenter d'en finir avec les souvenirs obsédants, et « héroïsés », de l'après-mai 1968. Pour que ce détachement s'accomplisse, rendant possibles de nouveaux investissements politiques.

Au moment du référendum sur l'Europe en 2005, notre groupe a volé en éclats, entre « souverainistes » partisans du « Non » et ceux qui voulaient conserver l'idée d'une construction européenne, bien qu'imparfaite. Je voyais dans l'échec de nos rencontres que le socialisme, accédant au rang de régime établi, avait évolué en nationalisme étroit et conformiste. Le mot « France » apparaissait désormais en force à chaque occasion, réunion, meeting, élection, dans les affiches des candidats du PS, dans la campagne pour le référendum sur l'Europe en 2005, ou celle de la présidentielle de 2007. Alors que je voulais, surtout, échapper au cadre étouffant des appartenances communautaires, y compris nationales. Il était bien fini le temps du courant sentimental et progressiste d'un certain romantisme révolutionnaire. Le système capitaliste, dont on prévoyait la fin toujours plus imminente, avait tenu, s'était transformé, alors que l'URSS n'existait plus. Dans mon domaine d'activité et de recherche, celui de la réflexion et de l'étude des sociétés méditerranéennes, j'ai vu également que les « révolutions arabes », qui avaient été porteuses de tant d'espoirs démocratiques en 2011, se sont désagrégées dans des conflits civils sanglants et le rétablissement de régimes autoritaires[1]. En France, les institutions de la Ve République sont toujours debout, avec l'utilisation de mesures antidémocratiques (comme le fameux décret 49-3). Et l'Europe, tournant le dos à l'intelligence de ses principes humanitaires, se ferme de plus en plus aux étrangers. Pourtant, en cherchant bien, j'ai aussi trouvé des raisons d'espérer, en continuant de réfléchir, de travailler, de « scruter » les « territoires du Sud ».

1. Sur ce point, voir le débat, Edwy Plenel et Benjamin Stora, *Le 89 arabe*, Paris, Stock, 2011.

MES QUESTIONS D'ORIENT

J'ai vécu seize ans au Maghreb, douze ans en Algérie et quatre ans au Maroc. Cela m'a donné une expérience et une connaissance de ces sociétés. Puis je suis rentré en France en 2002 et j'ai vu la guerre des mémoires, les banlieues en crise, l'islam problématisé, et le raidissement identitaire s'emparant du thème de la laïcité. La production d'un savoir scientifique ne suffit décidément pas à faire reculer les peurs et les préjugés. Il y a une force des identités maintenues, un socle national, qui resurgit, et ne s'efface pas vraiment. Dans cet ordre d'idées, au milieu des années 2000, je me suis intéressé à l'histoire des juifs d'Algérie. Mon histoire personnelle joue dans cet intérêt, mais pas seulement. C'est leur identité composite qui m'a intéressé. Ils étaient à la fois – je pense évidemment à mon père – traditionalistes sur le plan de l'observance des grandes fêtes religieuses, et totalement républicains. Cette attitude « double » ne leur posait pas de problème. Ce thème de l'*identité hybride*, compliquée, dans l'écartèlement entre Orient et Occident, m'a conduit à écrire *Les Trois Exils*. Les juifs d'Algérie se situent à l'intersection d'une série de mémoires blessées, contrariées. Ils sont français, « assimilés », et en même temps attachés à l'Orient. Sans forcément le revendiquer de manière explicite, avec une identité religieuse où intervient une forme de nationalisme républicain. La rédaction de ce livre a réveillé en moi une mémoire longue de l'inquiétude. Le modèle français oblige à une « assimilation malheureuse ». La tradition française vise au détachement de l'origine, alors que l'on n'arrive jamais vraiment à s'en détacher. Il y a un va-et-vient. On doit se détacher de sa langue, de sa culture, de ses ancêtres, pour être français, accepter une culture se voulant universaliste. Mais dans l'exil, on est toujours, à certains moments, obligé de revenir en arrière, de réfléchir à soi. Voilà bien la faiblesse du modèle français mais aussi sa force : tous les étrangers au sens large ont fini par être vus comme des Français. Le plus célèbre d'entre eux étant Picasso, bien sûr. La liste est longue de ces militants, immigrés ou fils d'immigrés qui se sont insérés en France par le détour de l'engagement politique ou syndical. Un engagement d'autant plus fort qu'il était, à l'image de l'idéologie révolutionnaire, à la fois national et universel. Plus qu'une communauté de religion, qui a parfois rapproché les hommes, mais qui n'effaçait pas toujours les barrières d'origine, c'était le combat côte à côte dans le monde du travail qui supprimait les rivalités. Cela s'était déjà vu avant la guerre de 1914, lorsque ouvriers français et italiens s'étaient retrouvés pour défendre des revendications communes. Si la plupart des étrangers, quelles que soient leurs opinions, gardaient dans l'entre-deux-guerres une réserve prudente, une minorité avait adhéré aux syndicats et aux partis de gauche, en particulier au Parti communiste et au syndicat de la CGTU (Confédération générale du travail unitaire), leur engagement les aidant à sortir à la fois de leur isolement et à refuser le repli communautariste. Il était parfois aussi facteur de promotion sociale. Henri Tasso, fils d'immigré salernitain, devint maire socialiste de Marseille en 1935, et entra même pour quelques mois au gouvernement de Front populaire. Antoine Porcu, fils d'immigré, devenu conseiller général, fut élu député communiste et devint membre du cabinet ministériel de Charles Fiterman, lui-même fils de travailleurs juifs venus d'Europe orientale. Oui, et cela je le verrai tout au long de mes études sur l'immigration, la liste est longue de ces militants, immigrés ou fils d'immigrés, qui se sont insérés en France par le détour de l'engagement politique, et notamment par l'adhésion au Parti communiste, ou dans les organisations trotskistes et anarchistes. Parmi eux, pour prendre encore quelques exemples remarquables, l'écrivain et militant Boris Souvarine, né à Kiev dans une famille pauvre, arrivée en France en 1898 ; le philosophe Georges Politzer, né en Hongrie ; mais aussi Missak Manouchian, Arménien né dans l'Empire ottoman, venu à Marseille en 1925, et qui sera, pendant l'Occupation, un des responsables de la Résistance en France et un des héros de l'« Affiche rouge ». Ou, encore, Henri Krasucki, fils d'un travailleur juif polonais, combattant de la Résistance, et qui deviendra plus tard secrétaire général de la CGT… Beaucoup d'entre eux surmonteront les difficultés du déracinement par cet engagement, qui les aidera à dépasser les problèmes les plus immédiats, l'insécurité de l'emploi ou du logement, la solitude linguistique. Ils participeront naturellement aux grandes batailles du Front populaire, de la Résistance.

Reste à comprendre pourquoi existe, s'enracine ce blocage sur les immigrations postcoloniales, toujours considérées comme nouvelles, inassimilables.

C'est une richesse de ne pas soustraire, détruire les strates sociales, culturelles ou politiques, mais de les additionner, de mieux les combiner. J'ai du mal à vivre dans la culture de la séparation, de la haine, du rejet. Je suis comme ma ville d'origine, Constantine, la ville des ponts, à toujours vouloir trouver une passerelle, une solution. Et, fondamentalement, à essayer d'éviter la guerre. Ce rapport au passé, au monde, a structuré ma façon de réfléchir, de vivre. Elle se retrouve dans mon engagement politique. La « Révolution » était une croyance collective, une espérance partagée. Elle n'était pas enfermée dans une dimension exclusivement française, mais au contraire ouverte sur d'autres univers. Dans l'après-68, on s'intéressait au Vietnam, à l'Amérique latine, au continent africain, au conflit israélo-palestinien. Nous étions capables de citer les noms des hommes au pouvoir de grandes nations comme la Chine ou le Brésil, les mouvements d'opposition. Des contacts se sont établis avec des militants et des leaders de nombreux pays. Ces rencontres m'ont permis d'élargir ma vision de l'Histoire, et d'aller vers plus d'histoires. Aujourd'hui, le combat, les engagements pour faire et écrire l'Histoire à partir des faits établis, est plus que jamais à l'ordre du jour. Sous les atours du divertissement, de la télé-réalité et des talk-shows, le pouvoir de nuisance des haines et des fantasmes règne désormais, décuplé par les réseaux sociaux. L'anonymat déresponsabilisant les diffuseurs de prétendues « nouvelles », qui ne sont que rumeurs, fantasmes et inventions. La bataille sur l'« écriture de l'Histoire » doit se mener dans la recherche de vérités des faits, recoupées, sourcées, documentées, matière première pour l'élaboration de récits. Elle est plus que jamais nécessaire. Là se joue en réalité l'idéal démocratique lui-même, celui d'un espace public ouvert à tous, où se noue une conversation informée aux fins d'une délibération rationnelle.

Dans le lointain rapport à 68, deux aspects me sont restés. D'abord la passion pour l'Histoire, mais aussi la défense des humiliés, des sans-droits. Ce sont ces rapports à la politique que j'ai conservés. Dans mon travail d'historien, il m'est ainsi apparu, très vite, qu'il était nécessaire d'« agrandir l'Histoire ». Dans l'histoire classique de la France, l'Algérie et les autres pays anciennement colonisés occupent peu de place. Plus globalement, la France continue de se comporter comme une puissance dominante qui exige des autres qu'ils connaissent son histoire, alors qu'elle-même ne connaît que très peu la leur. De pans entiers de récits, en particulier concernant le destin historique du « Sud », restent largement méconnus, refoulés, non mémorisés – malgré l'immense travail accompli par les historiens. Certains essayistes très médiatisés parlent beaucoup de l'effondrement de l'« identité française », et la thématique de la décadence est désormais très en vogue. Cette thématique est ancienne – pensons à Spengler et à son ouvrage *Le Déclin de l'Occident* publié en 1918. La vraie question, à mes yeux, n'est pas tant celle de l'effondrement de l'identité nationale que celle de son élargissement. Sortir de l'attitude défensive et de la nécessité de se défendre contre des « armées de barbares qui nous menacent » exige de comprendre que le monde a changé. Le problème n'est pas celui du déclin mais de la nécessité de relever les défis culturels et politiques qui se posent. On ne peut pas faire plier le monde à la seule vision franco-française des choses. Rester une grande puissance signifie s'ouvrir aux langues, aux cultures, aux civilisations des autres. Ce qui induit qu'il faut penser davantage les programmes scolaires, chercher des lieux de savoir différents, entreprendre un travail d'explication pour que les Français s'ouvrent enfin au monde[1].

Après avoir mené pendant des années un travail classique d'historien, je me suis orienté à la fin des années 1980 vers des questions nouvelles : comment une histoire est-elle perçue dans une société, et transmise par les générations suivantes ? Je me suis donc intéressé à la mémoire et à l'oubli. On peut distinguer l'oubli nécessaire, celui de l'oubli pour vivre, de l'oubli pervers, décidé par les États le plus souvent. J'ai défendu l'idée selon laquelle il fallait que la France assume sa mémoire coloniale. Aujourd'hui, un travail de mémoire existe, porté par des chercheurs et par des collectifs tels que celui du 17 octobre (date des massacres d'Algériens à Paris en 1961). Il s'agit là d'une mémoire citoyenne. Mais se développe également une mémoire de revanche portée par le Front national. Cette dernière voit l'Algérie comme un paradis

1. Sur ce travail historique, voir l'ouvrage sous la direction de Patrick Boucheron, *Histoire mondiale de la France*, Paris, Le Seuil, 2016.

perdu d'où les Français ont été injustement chassés et en conclut : « Puisque les Algériens ont voulu leur indépendance, on ne veut plus d'eux en France. » Elle s'incruste dans la société, contamine la droite républicaine qui va même jusqu'à renier l'héritage gaulliste.

La crispation identitaire et l'entretien de blessures non refermées se développent également par surabondance mémorielle. Le travail d'histoire a débouché non pas sur l'apaisement, mais sur la séparation des mémoires, leur communautarisation, conduisant à la guerre des mémoires. L'un des symptômes de cette communautarisation est la revendication, par chacune des communautés liées à l'histoire de la guerre d'Algérie, de dates de célébration différentes. Les soldats du contingent, les harkis, les pieds-noirs : chaque groupe veut sa date de commémoration. La guerre n'est pas finie, ce dont témoigne l'impossibilité de trouver un compromis mémoriel. Compromis par ajustement, où chacun admet la souffrance de l'autre. Les Algériens, eux aussi, ont du mal à admettre la position des autres. Ainsi les hommes politiques des deux rives entretiennent-ils cette guerre des mémoires sans volonté de rechercher des compromis, jouant et provoquant des crispations identitaires.

À tout cela s'ajoute la difficulté, en France, de penser l'islam autrement qu'en termes d'assimilation radicale, ou de ghettoïsation en rapport avec la question algérienne, coloniale. Cela tient à des raisons, profondes, liées aux rapports de civilisation judaïsme-chrétienté-islam. Rapports inscrits dans une longue histoire, dans laquelle la question des croisades et de Jérusalem joue un rôle important. La colonisation s'inscrit dans le prolongement de cette histoire plus longue et ne peut en être séparée. Avec Abdelwahab Meddeb, nous avons soulevé ces questions en travaillant à notre encyclopédie de la civilisation judéo-musulmane[1]. Nous avons montré qu'il y avait une vraie civilisation commune, qui a connu des moments heureux et malheureux, mais qui a quand même duré quatorze siècles. Elle s'est exprimée dans une langue, une musique et des manières de vivre communes. Mais cette réalité est mal acceptée. Le discours dominant en France est celui de l'affrontement. Alors qu'il y a eu beaucoup plus de symbiose qu'on ne veut bien l'admettre. Les intégristes musulmans disent la même chose : la guerre a toujours existé et elle se poursuit de nos jours. Les longues périodes de symbiose, des passerelles culturelles, sont mises de côté. L'imaginaire dominant aujourd'hui ne va plus dans le sens d'une volonté d'espace pour « faire ensemble ».

Se préoccuper de l'histoire des autres pour se comprendre soi-même m'a toujours semblé une préoccupation essentielle. C'est dans cet esprit que j'ai accepté la présidence du Musée national de l'histoire de l'immigration en 2014. J'y voyais le moyen de poursuivre un combat et une réflexion au long cours à partir de ce lieu nouvellement créé.

---

1. Abdelwahab Meddeb et Benjamin Stora (dir.), *Histoire des relations entre juifs et musulmans*, Paris, Albin Michel, 2013. Abdelwahab Meddeb, grand érudit de la longue civilisation musulmane et farouche adversaire de l'intégrisme, est décédé en novembre 2014, un an après la publication de cette encyclopédie. Il me manque beaucoup dans la difficile bataille culturelle d'aujourd'hui.

Conclusion

68, si loin, si près

« 68 » ne fait plus rêver ? À la différence des grands moments du Front populaire, ou de la Libération de l'après-Seconde Guerre mondiale, celui de mai 68 est vu comme une « fièvre » vite retombée, une effervescence sans contenu particulier, sans « conquête » significative (tels les congés payés de 1936, ou le programme du Conseil national de la Résistance en 1945). Une fièvre, une émotion restées sans lendemain. Pourtant, les « événements » de 68 ont laissé des traces profondes dans la société française. Ils ont transformé les choses dans des registres aussi variés que les droits des femmes, la perception du genre, les relations au sein de la famille ; ou encore dans le rapport au corps (et ses enjeux esthétiques, sanitaires, sportifs), à l'écologie, à la défense des minorités. Et ils ont également marqué le paysage et les usages, voire les problématiques éducatives. Chacune de ces sphères entretient un rapport plus ou moins privilégié avec mai 1968, dont les philosophies ont soit accéléré des mutations déjà en cours, soit favorisé la diffusion de nouvelles idées et de nouvelles pratiques dans de nombreuses couches de la société. Il sera ensuite bien difficile de revenir en arrière, en expliquant que « c'était mieux avant » pour la condition des femmes ou la vie quotidienne dans les usines.

Pourtant, dès la fin des années 1980, le souvenir heureux de 68 est définitivement remis en question, dévalorisé, malgré la saga en forme d'hommage rédigé par Hervé Hamon et Patrick Rotman en 1987. 68 est vue comme le point de départ d'un déclin français par une remise en question de l'autorité de différentes institutions (école, armée, police, hôpitaux, savoirs universitaires, etc.). La critique s'est « affinée » tout au long des années 1990 : « 68 » est vu cette fois comme l'œuvre de fils de bourgeois qui ont voulu plonger la France dans le gouffre de l'individualisme et de la modernisation libérale. Pour preuve, la jonction ne s'est jamais réalisée entre ouvriers et étudiants. Les ouvriers, profondément conservateurs, n'ayant jamais voulu s'associer à un mouvement venant d'une génération favorisée, les « baby-boomers ». Cette analyse, en forme d'interrogation sur les « destins de classe », ne fait pas mention du cordon dressé par les appareils syndicaux et politiques, en particulier celui mis en place par le PCF, pour interdire cette jonction tant espérée par les étudiants. Et elle oublie les… dix millions de travailleurs en grève pendant de longues semaines. Les concepts marxistes utilisés par les idéologues d'extrême droite sont donc à géométrie variable.

Si « 68 » est ainsi attaqué c'est peut-être aussi, voire surtout, parce que cette intense passion a trouvé une traduction politique ambiguë à gauche. Car ces mouvements d'extrême gauche de l'époque, trotskistes et maoïstes principalement, ont capté et prolongé « 68 » avec les accents de la révolution d'octobre 1917, le vocabulaire du marxisme-léninisme le plus dur ; et avec des formes d'organisations politiques rigides et dogmatiques. « 68 » est le plus souvent associé à la mobilisation de ces mouvements d'extrême gauche. Cette période a été aussi analysée, *a posteriori*, comme celle d'un mouvement essentiellement « hédoniste-libertaire », poussé par une jeunesse étudiante en mal de liberté, notamment sexuelle. Cette représentation, plaçant en arrière-plan la grande grève ouvrière de millions de salariés en France (le plus grand mouvement social contre l'ordre existant dans l'Europe depuis la Seconde Guerre mondiale), a ouvert la voie à une lecture de « 68 » comme un mouvement précurseur de l'individualisme libéral[1]. Ces lectures sont insuffisantes ou réductrices.

En fait, l'espace politique ouvert par « 68 » a été progressivement occupé par le Parti socialiste, surtout après l'arrivée de Michel Rocard et de ses partisans en 1974. Le PS a « absorbé » les aspirations de 68 en promettant un changement radical (« Changer la vie » était son principal mot d'ordre),

1. Voir les ouvrages de Luc Ferry et Alain Renaut, *La Pensée 68*, *op. cit.*, ou de Gilles Lipovetsky, *L'Ère du vide, Essai sur l'individualisme contemporain*, Paris, Gallimard, « Folio essai », 1989.

que ce soit pour la transformation des institutions de la Ve République, la poursuite de luttes anti-impérialistes ou l'amélioration de la vie des salariés contre les milieux de la finance. Ce souffle de 68 a puissamment porté le PS qui s'est installé comme un laboratoire d'idées, un espace de mobilisation pour la jeunesse, un espoir pour les immigrés et les minorités, pendant près de trente ans. En quittant les rivages d'un marxisme pur et dur, et une organisation aux méthodes autoritaires, j'ai adhéré à ce parti en 1986, avec des centaines d'autres de mes camarades venant de l'OCI. Dans l'espoir de poursuivre, différemment, un combat commencé dans l'après-1968. Pour continuer de batailler pour le grand moment du bouleversement nécessaire (en abandonnant la perspective du « grand soir »). À la suite de l'effondrement du communisme stalinien, le PS n'a cessé de progresser tout au long des années 1970, 1980, 1990, en gagnant municipalités, régions, puis la présidence de la République à deux reprises. Ce parti incarnait le renouveau de la vie politique et la relève des générations. Il faut revenir sur cette période avec l'arrivée successive de générations différentes, pour comprendre l'histoire générale de la gauche française des années 1970 à 2017. Au moment de l'élection de François Hollande en 2012 à la présidence de la République, le PS détenait tous les leviers de commande pour agir sur les inégalités de la société. Mais en vérité ce parti de l'après-68, se présentant comme original, singulier, porteur d'espérances démocratiques, était en fait à bout de souffle depuis bien des années. Cet espace nouveau où se croisaient idéologies marxistes et libertaires, une organisation où se mélangeaient technocrates de la haute fonction publique et militants du salariat, semblait émerger comme la promesse d'un autre militantisme politique. Cette promesse s'est évanouie tout au long des années 1980.

Ce livre raconte, à travers mon expérience personnelle, l'arrivée dans un parti qui ne correspondait pas à l'idée que l'on pouvait se faire d'une social-démocratie, certes imparfaite, mais bien plus ouverte que toutes les organisations marxistes qui s'étaient « éteintes » après « 68 ». Ce PS plus en « prise avec le réel » était en fait devenu une assemblée réticente à coopter ceux qui ne partageaient pas son point de vue sur le monde. Le vieil appareil de la SFIO n'avait, lui, jamais réellement disparu. À cela, il faut ajouter le fait que les militants arrivant de l'extrême gauche se sont heurtés à un blocage de caste, puissamment installé dans l'État et que la direction du PS n'a jamais cherché vraiment à « bousculer ». L'historien britannique Perry Anderson a écrit à ce propos en 2005 : « Depuis de Gaulle, les dirigeants de la Ve République sont devenus une caste de gouvernement, la plus hermétique qui soit dans tout le monde occidental. La concentration de pouvoir au sein d'une minuscule institution qui produit une élite tout à la fois politique, administrative et politique, n'a probablement pas son équivalent ailleurs dans le monde. Dans un pays de soixante millions d'habitants, l'ENA n'admet que cent à cent vingt étudiants par an, soit un total de cinq mille énarques depuis sa fondation. Et non seulement cette élite monopolise les échelons supérieurs de l'administration aussi bien que du monde des affaires, mais elle fournit le noyau dur de la classe politique elle-même. Giscard, Fabius, Chirac, Balladur, Juppé, Jospin sont tous énarques, comme l'étaient onze ministres sur dix-sept dans le dernier gouvernement socialiste[1]. » L'explication de la « bureaucratisation » du socialisme par recours systématique à la haute fonction publique dans la conduite des affaires politiques est importante. Les militants venant de l'après-68 et qui avaient choisi de poursuivre un parcours politique se sont vus renvoyés à leurs origines politiques avec toujours la même vieille étiquette, suspecte : le « trotskisme »... D'ailleurs, comment lire le parcours de ceux qui sont entrés en politique dans les années de l'après-68, et y sont restés... cinquante ans après ? Retour sur des itinéraires de ceux que j'ai un temps côtoyé, et qui ont poursuivi un militantisme à gauche. Jean-Luc Mélenchon a longtemps milité au Parti socialiste, et il est resté pendant de longues années un sénateur socialiste, puis a fondé « La France insoumise » qui a réalisé un score élevé à l'élection présidentielle de 2017 en obtenant plus de 19 % des voix. Il n'a pas oublié les leçons apprises dans sa jeunesse, au temps du trotskisme des années 1970. En particulier le fait de considérer que la construction du « parti » était bien plus importante que le « mouvement des masses ». À cette époque, nous combattions la fameuse formule du socialiste allemand

1. Perry Anderson, *La Pensée tiède. Un regard critique sur la culture française*, suivi de *La Pensée réchauffée. Réponse de Pierre Nora*, Paris, Le Seuil, 2005, p. 69.

Eduard Bernstein, qui proclamait, « le mouvement est tout, le but n'est rien ». Non, « l'important c'est le parti ! » disions-nous, car, comme l'indiquait le « Programme de transition[1] », « la crise de l'humanité se réduit à la crise de la direction révolutionnaire ». Avec une volonté évidente de contrôler tout mouvement, spontané ou non, pouvant surgir et contester la prépondérance du parti révolutionnaire en construction. Cette tendance à l'hégémonie politique, contradictoire avec les proclamations d'unité, n'a, visiblement, jamais été abandonnée par Jean-Luc Mélenchon. Cette attitude va le conduire à se séparer des autres forces de la gauche, qui, pourtant, avaient cheminé avec lui, comme le Parti communiste. Mais, conséquence plus importante, et plus neuve : cette façon de voir l'amènera à vouloir subordonner le mouvement syndical à ses désirs politiques. Dans une note de son blog publiée le 31 octobre 2017, le responsable des « Insoumis » écrit : « Mon intention est d'interpeller les miens, ceux de ma famille politique et sociale. Comment je sais que Macron a le point aujourd'hui ? Parce qu'il peut se permettre d'avancer sur tant de fronts sociaux sans ralentir. Comment est-ce possible alors qu'il n'a pas de base sociale pour sa politique dans le pays ? Voilà la question que je pose », enchaîne-t-il. Sa réflexion est donc moins une remise en question personnelle qu'un constat général de l'état du mouvement

1. Ce Programme de transition, véritable « bible » de référence des mouvements trotskistes de toutes obédiences, a été rédigé par Léon Trotski pour le congrès de fondation de la IVe Internationale en 1938.

social en France adressé à sa « famille politique et sociale ». Une famille qu'il va fortement secouer. « La forme et la tactique de résistance à la politique du gouvernement ne peuvent plus rester enfermées dans le "chacun de son côté". » Car, pour Jean-Luc Mélenchon, la raison de ces échecs est simple. Elle est organisationnelle. « Le dogme du "mouvement social indépendant de la politique" a montré sa limite », enfonce-t-il. Un dogme qui porte un nom, la Charte d'Amiens, texte fondateur du syndicalisme à la française adopté en 1906 lors du 9e congrès de la CGT que la grande majorité des syndicats hexagonaux ont ensuite repris à leur compte. « Le Congrès décide qu'afin que le syndicalisme atteigne son maximum d'effet, l'action économique doit s'exercer directement contre le patronat, les organisations confédérées n'ayant pas, en tant que groupements syndicaux, à se préoccuper des partis et des sectes qui, en dehors et à côté, peuvent poursuivre, en toute liberté, la transformation sociale », peut-on ainsi lire dans cette charte, toujours défendue par l'ensemble du mouvement syndical français.

Jean-Luc Mélenchon veut donc du passé faire table rase. La Charte de 1906 serait devenue anhistorique. « Il faut donc en finir avec cette hypocrisie », annonce-t-il. Une démarche que l'historien du communisme Roger Martelli, ancien membre de la direction du PCF, résumait récemment à *Marianne* : « Il y a incontestablement des ressemblances entre la démarche de Jean-Luc Mélenchon et celle du PCF pendant la guerre froide. La multiplication des initiatives vouées à nourrir un dynamisme militant en est une. Par ce fourmillement d'actions, on soude un peuple militant. C'est très fort. » Tout en avertissant : « En même temps, le risque est celui de tomber dans une démarche identitaire, du type "ceux qui ne sont pas avec moi sont contre moi". Or, l'histoire montre que l'union de la gauche est nécessaire pour gagner. »

Mais Jean-Luc Mélenchon peut poursuivre sa progression sur les décombres d'un parti laissé par un ancien dirigeant trotskiste devenu premier secrétaire : Jean-Christophe Cambadélis. Depuis le 30 septembre 2017, et après plus de trois ans passés à Solférino, il n'est plus en effet le premier secrétaire d'un parti en ruine. Dans un long entretien accordé à *Libération*, le lundi 2 octobre, l'homme de 66 ans se confie sur son avenir, en tant que « spectateur désengagé ». « Je vais monter ma petite boîte de conseil. Elle s'appellera C Conseils. Si on a besoin de moi, je filerai un coup de main... Ça permettra de payer les cigarettes et le taxi, comme on dit », annonce-t-il. Il est donc loin le temps ou Jean-Christophe Cambadélis se rêvait en... président de la République. Car, dans le même entretien, il explique : « En décembre dernier, je suis en République tchèque pour un congrès des socialistes européens. Hollande m'appelle après son annonce pour expliquer son choix. Le téléphone reposé, je regarde la vieille ville de Prague, bercée dans la lumière du soir. Me traverse l'idée, "vas-y", et j'explose de rire, tout seul dans ma chambre d'hôtel. Je ne me sentais pas inférieur à ceux qui ont concouru à la primaire, et je ne me sentais pas incapable d'incarner un projet... » Il n'a pas pu, vraisemblablement, « incarner un projet » car le parti qu'il dirigeait était en train de sombrer, inexorablement. Après la déroute de la présidentielle et des législatives de 2017, les réserves du parti ont fondu : le budget annuel est passé de 28 à 8 millions d'euros, soit un manque à gagner de 100 millions d'euros sur le quinquennat à venir. Comme pressenti depuis plusieurs mois, le parti cherche à se séparer de son siège historique de la rue de Solférino, dans le 7e arrondissement de Paris, acquis après la victoire de François Mitterrand en 1981. En plus de cette vente immobilière, le PS se sépare d'une soixantaine de salariés sur la centaine qu'il comptait. Et dans ce parti, devenu une « entreprise », les représentants du personnel du PS réclament un meilleur plan social. Ils ne sont pas d'accord avec une prime de 5 000 euros proposée. Avec ses dirigeants devenus des managers, ses salariés et ses représentants syndicaux, nous voilà bien loin d'un parti où existaient le dévouement militant et les fidélités à des idéaux collectifs. À la fin, ne subsistent que des ambitions égocentriques et des réussites de carrière.

À tous ces facteurs, il faut en ajouter encore un autre, historique, tout à fait capital pour comprendre ce qui s'est passé.

Entre la Libération de 1945 et mai 1968, une séquence d'histoire a durement frappé la gauche dans son ensemble, et n'a pas vraiment été analysée, ni digérée. Il s'agit, bien sûr, de la guerre d'Algérie. Séquence fondamentale à plusieurs égards. D'abord, en ce qui concerne les institutions de la Ve République. Cette Constitution, qui régit encore aujourd'hui notre vie politique, et qui accorde des pouvoirs extrêmement importants au président de la République, est née dans le temps de cette guerre longtemps restée sans nom. La guerre d'Algérie est également fondatrice parce que, à cause d'elle, toute une génération est entrée en politique à ce moment-là. Ceux qui ont pris la tête du mouvement en mai 1968 avaient fait leurs armes en politique quelques années plus tôt à l'occasion du conflit algérien. Que le rapprochement dans les analyses n'ait pas été fait dans l'après-68 prouve à quel point on a refoulé cette guerre[1]. La guerre d'Algérie dit aussi la crise de la gauche qui a voté les « pouvoirs spéciaux » en mars 1956, pour préserver l'Algérie française dans le cadre de l'Empire colonial ancien[2]. La guerre d'Algérie signe la fin d'une époque. La perte de l'Algérie française, du joyau de l'Empire, contraint la France à redessiner sa position dans le monde, à repenser son rapport aux autres, au Sud. De puissance coloniale, elle devient une puissance intermédiaire dans la construction européenne. Mais la gauche qui revient dans l'après-68 n'a pas entrepris l'examen de conscience nécessaire pour comprendre ses erreurs et comprendre l'émergence d'un nouveau monde. Le Parti socialiste qui surgit dans l'après-68 se situera en fait dans la continuité de l'appareil SFIO (qui s'était effondré au moment de la guerre d'Algérie), et non pas dans le

1. Le grand mérite de Kristin Ross, dans son ouvrage *Mai 68 et ses vies ultérieures*, Bruxelles, Complexe, 2005, est précisément d'établir ce lien entre l'Algérie et l'irruption de 68.

2. Les « pouvoirs spéciaux » votés par la SFIO et le PCF en mars 1956 veulent l'Algérie française en envoyant le contingent en Algérie, et la création de larges « zones interdites » pour les « indigènes » musulmans dans les campagnes.

sillage des militants qui s'étaient opposés à la colonisation (comme c'était le cas du PSU, et des anciens camarades de Michel Rocard).

Mais ce n'est pas tout. Dans les campagnes des élections présidentielles de 2007, 2012, 2017, on a sans cesse entendu le diagnostic d'un décrochage des catégories populaires vis-à-vis des partis de gouvernement, voire de l'acte de vote lui-même. Catégories populaires anciennement de gauche et qui, désormais, s'abstiennent massivement, ou même dans certains cas votent à l'extrême droite. Sur la base des derniers scrutins et des enquêtes d'intentions de vote, on a vu en effet croître cette abstention, davantage que dans les autres groupes sociaux et accordant une majorité relative de leurs suffrages à Marine Le Pen. Les travaux de la chercheuse en science politique Line Rennwald qui portent sur les mutations du clivage de classes en Europe depuis les années 1970-1980[1] ne disent pas tout à fait cela. Dans un entretien publié le 20 avril 2017 par *Mediapart*, elle impute le « désalignement » des ouvriers sur la gauche aux orientations programmatiques des partis, plus qu'à des bouleversements dans les milieux populaires eux-mêmes. Changement d'orientation, purement rhétorique au Front national (sur les questions sociales), mais aussi à gauche, dans la non-prise en charge des nouveaux mouvements sociaux (les précaires, les migrants). En d'autres termes, c'est l'offre politique qui est

1. Elle a publié *Partis socialistes et classe ouvrière. Ruptures et continuités du lien électoral en Suisse, en Autriche, en Allemagne, en Grande-Bretagne et en France (1970-2008)*, Neuchâtel, Alphil-Presses universitaires suisses, 2015.

problématique, et non simplement les demandes d'une société virant à droite et en demande d'autorité. Une offre politique que la gauche a abandonnée sous les coups de boutoir toujours plus forts de la droite la plus dure, dans les années 2000, les années dites « Sarkozy », où il a été ministre de l'Intérieur puis président de la République, de 2002 à 2012.

Une grande bataille idéologique a alors été menée contre l'esprit de l'après-68. Cette offensive a pris la forme d'une dénonciation de l'antiracisme, coupable de faire monter le Front national ; de combat contre l'antifascisme accusé de recycler les vieux partisans du communisme ; contre le féminisme dressant un mur entre les hommes et les femmes ; contre l'antimilitarisme destructeur de la nation ; et, surtout, contre les immigrés que l'on ne peut accueillir au nom de normes humanitaires. Les « années Sarkozy » ont également fait émerger les batailles contre l'avortement et les progrès réalisés sur la condition des femmes… au nom de la protection du corps des femmes ! D'autres acquis ont été remis en cause, dans le monde social, notamment sur la question des retraites. Sur la question coloniale, on ne parlait plus d'examen d'un passé lucide et critique. Le refus de « repentance » (terme non revendiqué par la plupart des anciens colonisés) s'est imposé dans le vocabulaire politique. Sur toutes ces questions, la pensée réactionnaire fut à son apogée au moment de la campagne présidentielle de 2007 qui verrait la victoire de Nicolas Sarkozy. Celui-ci a axé une grande partie de sa campagne politique et idéologique contre la

« pensée 68 », selon ses propres termes. Les bouleversements produits par « 68 » n'ont pas véritablement « stabilisé » la société, contrairement à la légende véhiculée sur le triomphe de la « pensée soixante-huitarde ». Le monde d'hier, pour reprendre le beau titre du livre de Stefan Zweig, a progressivement repris le dessus, imposant à nouveau ses rites, ses généalogies, ses valeurs. Il s'est même trouvé une nouvelle virginité historique, en glorifiant l'aspect inexorable des lois du marché. Une série de publications se battant contre l'antiracisme, contre l'antifascisme, contre le droit des femmes, contre ce qu'ils appellent la « repentance » sur la question coloniale, se sont déversées. Une pensée obsédée par le « déclin ».

La tendance allait-elle s'inverser avec l'élection de François Hollande à la présidence de la République en 2012 ? Des discours importants ont été prononcés, en particulier sur la question algérienne, à l'opposé de ce que déclarait Nicolas Sarkozy. Ainsi, le discours prononcé à Alger par François Hollande en décembre 2012 condamnait-il les actions commises au temps de la colonisation et préconisait une « paix des mémoires ». Le discours du 19 mars 2016 a ouvert des formes de compromis mémoriels sur cette question brûlante qu'est devenue la guerre d'Algérie. Le discours prononcé le jour de l'inauguration officielle du Musée national de l'histoire de l'immigration, le 15 décembre 2014, disait tout l'apport des immigrés à la construction de la France, donc à l'inverse des positions voulant une identité nationale fixe, immuable, homogène. L'impression dominante reste pourtant celle d'une régression poursuivie sur les questions ouvertes par l'après-68. Le refus d'accorder le droit de vote aux étrangers aux élections municipales, promis par la gauche depuis une vingtaine d'années, a été mal ressenti par les jeunes issus des immigrations postcoloniales. Ce refus revenait à affirmer, une fois de plus, que leurs parents et leurs grands-parents ne pouvaient accéder à une citoyenneté pleine. Mais, plus grave encore, la question de la déchéance de la nationalité française pour les délinquants étrangers (menace qui n'a pas été suivie d'effet puisque cette proposition énoncée par le président de la République n'a pas vu le jour) a fait resurgir le spectre de Vichy, où les étrangers pouvaient se voir retirer leur nationalité française. Ces positions, le refus du droit de vote pour les étrangers et la déchéance de la nationalité, ont montré les limites de la gauche traditionnelle sur des questions historiques fondamentales par rapport aux promesses de l'après-68. Sur les questions sociales, la grande mobilisation contre la loi El Khomri dans l'année 2016 annonçait le délitement puis la crise interne du Parti socialiste. Beaucoup de jeunes sont entrés en politique, à gauche, contre la politique soutenue par le Parti socialiste. En perdant la jeunesse, le PS a fini par perdre le souffle de 68 qu'il continuait d'entretenir, même faiblement. La défaite du PS en 2017 signifie la fin de la période ouverte par « 68 » sur le type de parti à construire. Étrangement, cette défaite profonde renvoie également le PS à la place qu'il avait occupée au congrès de Tours en 1920, après la révolution d'octobre 1917 : derrière les forces se réclamant d'une gauche orthodoxe du marxisme (les forces additionnées du PCF et de « La France insoumise » dépassent désormais celles du PS à l'Assemblée nationale).

De 68, nous restent pourtant des acquis. Plus grand monde ne songerait aujourd'hui à remettre en question le droit à l'avortement. Aucun des grands partis politiques ne pourrait réussir à l'obtenir. Et qui voudrait réhabiliter les histoires positives autour de l'esclavage ou du système colonial (on l'a vu en 2005 avec l'échec de la loi sur la « colonisation positive ») ? Dans quel programme politique, à part celui du Front national, trouverait-on tous ces retours et ces réhabilitations ? Qui pourrait prétendre aujourd'hui chasser tous les étrangers, et fermer à double tour les frontières ? En fait, les voies ouvertes par 1968 se sont installées dans la société française, dans la jeunesse. Bien sûr, il y a eu des outrances de langage, des illusions, de la naïveté dans cet après-68. Une fuite hors du réel, avec son cortège d'illusions. Cette période a vu aussi la montée d'un individualisme confinant au nihilisme ; et l'incrustation d'une pensée de type stalinien fermée sur elle-même, qui interdisait toute forme de pluralité politique. Cependant, je reste persuadé que l'espérance d'un monde nouveau ne s'est pas éteinte. Les thèmes comme le besoin en politique de démocratie et de pluralisme sont et resteront des rappels, des garde-fous dans la société française.

Force est de constater que, pour l'instant, des dynamiques durables et rassembleuses n'ont pas encore réussi à sérieusement entraver la course vers les peurs et les haines, ou vers le recul des libertés.

L'invention de nouvelles réponses à la crise de civilisation reste à l'ordre du jour. Ce que dit notre histoire depuis 68, et après, c'est qu'aucune de ces réponses ne naîtra dans la régression démocratique, dans la verticalité autoritaire, ou le pouvoir personnel. Les moments de fièvres et de mobilisations qui s'ouvrent avec le quinquennat d'Emmanuel Macron nous le diront peut-être. Le mouvement de 68, et son prolongement dans les années 1970, a élargi l'horizon des possibles. Il a déjoué les pièges d'une histoire toujours écrite d'avance, pleine de fatalités et de déterminismes. Au moment où les vieux appareils politiques nés dans les débuts de la Ve République entrent en crise profonde, il faut se garder des fausses évidences et des certitudes établies. L'Histoire s'ouvre toujours sur d'infinies possibilités et variantes sur lesquelles la société a de nouveau prise. De nouvelles générations qui veulent « dégager » la vieille classe politique peuvent encore surgir, sans prévenir, sur la scène pour « changer la vie ».

Bibliographie

ANDERSON, Perry, *La Pensée tiède. Un regard critique sur la culture française*, suivi de *La Pensée réchauffée, réponse de Pierre Nora*, Paris, Le Seuil, 2005.

ASSOULINE, David, et ZAPPI, Sylvia, *Notre printemps en hiver. Le mouvement étudiant de décembre 1986*, Paris, La Découverte, 1987.

AUDIER, Serge, *La Pensée anti-68. Essai sur les origines d'une restauration intellectuelle*, Paris, La Découverte, 2008.

BAUDRILLARD, Jean, *La Gauche divine. Chronique des années 1977-1984*, Paris, Grasset, 1985.

BENSAÏD, Daniel, *Une lente impatience*, Paris, Stock, 2004.

BENSAÏD, Daniel, *Fragments mécréants. Mythes identitaires et République imaginaire*, Paris, Lignes, 2005.

BIANCO, Jean-Louis, *Mes années avec Mitterrand*, Paris, Fayard, 2015.

BIRNBAUM, Jean, *Leur jeunesse et la nôtre*, Paris, Stock, 2005.

BOUCHERON, Patrick (dir.), *Histoire mondiale de la France*, Paris, Le Seuil, 2016.

BOURSEILLER, Christophe, *Histoire générale de l'ultragauche*, Paris, Denoël, 2003.

CAMBADÉLIS, Jean-Christophe, *Le Chuchotement de la vérité*, Paris, Plon, 2000.

CAMPINCHI, Philippe, *Les Lambertistes, un courant trotskiste*, Paris, Balland, 2000.

CAPDEVIELLE, Jacques, et MOURIAUX, René, *Mai 1968. L'entre-deux de la modernité. Histoire de trente ans*, Paris, Presses de la Fondation nationale des sciences politiques, 1988.

CARRIÈRE, Jean-Claude, *Les Années d'utopie, 1968-1969*, Paris, Plon, 2003.

CESPEDES, Vincent, *Mai 1968. La philosophie est dans la rue*, Paris, Larousse, 2008.

CHERKI, Alice, *Mémoire anachronique. Lettre à moi-même et à quelques autres*, La tour d'Aigues, Éditions de l'Aube, 2016.

COHEN, Yolande, *Les Jeunes, le Socialisme et la Guerre. L'histoire des jeunesses socialistes en France au tournant du siècle*, Paris, L'Harmattan, 1989.

CUSSET, François, *La Décennie. Le grand cauchemar des années 1980*, Paris, La Découverte, 2006.

DANIEL, Jean, *Miroirs d'une vie*, Paris, Gallimard, 2012.

DARDOT, Pierre, et LAVAL, Christian, *L'Ombre d'Octobre. La Révolution russe et le spectre des soviets*, Québec, Lux, 2017.

DÉSIR, Harlem, *SOS Désirs*, Paris, Calmann-Lévy, 1987.

DONFU, Éric, *Ces jolies filles de mai. 68, la révolution des femmes*, Paris, Jacob-Duvernet, 2008.

DRAY, Julien, *SOS génération*, Paris, Ramsay, 1987.

DUTEUIL, Jean-Pierre, *Nanterre, vers le mouvement du 22 mars*, préface de Daniel Cohn-Bendit, La Bussière, Acratie, 1988.

EERSEL, van, Patrice, *L'Aventure d'*Actuel *telle que je l'ai vécue*, Paris, Albin Michel, 2017.

FERRY, Luc, et RENAUT, Alain, *La Pensée 68. Essai sur l'antihumanisme contemporain*, Paris, Gallimard, 1985.

FILOCHE, Gérard, *Ces années-là, quand Lionel était…*, Paris, Ramsay, 2001.

FRÈCHE, Émilie, *Je vous sauverai tous*, Paris, Hachette, 2017.

GASTAUD, Yves, *L'Immigration en France et l'opinion sous la Vᵉ République*, Paris, Le Seuil, 2000.
GUÉGAN, Gérard, *Montagne-Sainte-Geneviève, côté cour*, Paris, Grasset, 2008.
HAMON, Hervé, et ROTMAN, Patrick, *Génération. Les années de rêve*, Paris, Le Seuil, 1987.
HAMON, Hervé, et ROTMAN, Patrick, *Génération. Les années de poudre*, Paris, Le Seuil, 1988.
HARBI, Mohammed, et STORA, Benjamin (dir.), *Guerre d'Algérie. Fin d'amnésie*, Paris, Robert Laffont, 2004.
HIRSCH, Robert, *Sont-ils toujours des juifs allemands ? La gauche radicale et les juifs depuis 1968*, préface de Michel Dreyfus, Nancy, L'Arbre bleu, 2017.
HOCQUENGHEM, Guy, *Lettre ouverte à ceux qui sont passés du col Mao au Rotary*, Paris, Albin Michel, 1986.
JAOUI, Taly, et VELILLA, Philippe, *Génération SOS Racisme. Heurs et malheurs d'une génération morale*, Lormont, Le Bord de l'eau, 2015.
JOFFRIN, Laurent, *Un coup de jeune. Portrait d'une génération morale*, Paris, Arléa, 1987.
LE GOFF, Jean-Pierre, *Mai 1968, l'héritage impossible*, Paris, La Découverte, 1998.
LESCHI, Didier, *Misère(s) de l'islam*, Paris, Cerf, 2017.
LIPOVETSKY, Gilles, *L'Ère du vide. Essai sur l'individualisme contemporain*, Paris, Gallimard, « Folio essai », 1989.
MEDDEB, Abdelwahab, et STORA, Benjamin (dir.), *Histoire des relations entre juifs et musulmans des origines à nos jours*, Paris, Albin Michel, 2013.
MONTCHABLON, Alain, *Histoire de l'UNEF, de 1956 à 1968*, Paris, PUF, 1983.
MOURIAUX, René, PERCHERON, Annick, PROST, Antoine, et TARTAKOWSKY, Danielle, *1968. Exploration du mai français*, t. 1 : *Terrains* ; t. 2 : *Acteurs*, Paris, L'Harmattan, 1992.
OGIEN, Ruwen, *Mes Mille et Une Nuits. La maladie comme drame et comme comédie*, Paris, Albin Michel, 2017.

Papieau, Isabelle, *Les Années 1950, entre tradition et modernisme*, Paris, L'Harmattan, « Logiques sociales », 2017.

Pfister, Thierry, *Lettre ouverte à la génération Mitterrand qui marche à côté de ses pompes*, Paris, Albin Michel, 1988.

Plenel, Edwy, *Secrets de jeunesse*, Paris, Stock, 2001.

Raffy, Serge, *Jospin, secrets de familles*, Paris, Fayard, 2001.

Ricard, François, *La Génération lyrique. Essai sur la vie et l'œuvre des premiers-nés du baby-boom*, Montréal, Boréal, 1995.

Rolin, Olivier, *Tigre en papier*, Paris, Le Seuil, 2002.

Ross, Kristin, *Mai 68 et ses vies ultérieures*, Bruxelles, Complexe, 2005.

Roy, Olivier, *En quête de l'Orient perdu. Entretiens avec Jean-Louis Schlegel*, Paris, Le Seuil, 2014.

Sopo, Dominique, *S.O.S. antiracisme*, Paris, Denoël, 2005.

Stora, Benjamin, *La Dernière Génération d'octobre*, Paris, Stock, 2003.

Stora, Benjamin, *Les Guerres sans fin. Un historien, la France et l'Algérie*, Paris, Stock, 2008.

Storti, Martine, *Pour sortir du manichéisme. Des roses et du chocolat*, Paris, Michel de Maule, 2016.

Weber, Henri, *Vingt ans après. Que reste-t-il de 68 ?*, Paris, Le Seuil, 1988.

Wiazemsky, Anne, *Un an après*, Paris, Gallimard, « Folio », 2017.

Yaïr, Auron, *Les Juifs d'extrême gauche en mai 68. Une génération révolutionnaire marquée par la Shoah*, Paris, Albin Michel, 1998.

Yon, Karel, *Des révolutionnaires professionnels aux professionnels de la politique. Études du courant Convergences socialistes*, mémoire de DEA, Paris I, septembre 2001.

Zancarini-Fournel, Michelle, *Les Luttes et les Rêves. Une histoire populaire de la France, de 1685 à nos jours*, Paris, La Découverte, « Zones », 2016.

Table

Du même auteur

Aux éditions Stock

La Dernière Génération d'octobre, « Un ordre d'idées », 2003 ; Paris, Hachette Littératures, « Pluriel », 2008.

Les Trois Exils – Juifs d'Algérie, « Un ordre d'idées », 2006 ; Paris, Hachette Littératures, « Pluriel », 2008.

Les Guerres sans fin. Un historien, la France et l'Algérie, « Un ordre d'idées », 2008.

Le 89 arabe. Réflexions sur les révolutions en cours, dialogue avec Edwy Plenel, « Un ordre d'idées », 2011.

Voyages en postcolonies. Viêt Nam, Algérie, Maroc, « Un ordre d'idées », 2012.

Camus brûlant, avec Jean-Baptiste Péretié, 2013.

Les Clés retrouvées, « Un ordre d'idées », 2015.

Aux éditions de La Découverte

La Gangrène et l'Oubli. La mémoire de la guerre d'Algérie, 1991 ; réédition en poche La Découverte, 2005.

Histoire de l'Algérie coloniale (1830-1954), « Repères », 1991 ; Alger, ENAL, 1994.

Histoire de la guerre d'Algérie (1954-1962), « Repères », 1991.

Histoire de l'Algérie depuis l'indépendance (1962-1994), « Repères », 1994.

Imaginaires de guerre, Algérie-Vietnam, 1997 ; Alger, Casbah, 2001.

Histoire de l'Algérie : XIXe et XXe siècles, 2012.

Chez d'autres éditeurs

Messali Hadj, pionnier du nationalisme algérien, Paris, Le Sycomore, 1982 ; Alger, Casbah, 1999 ; Paris, Hachette Littératures, « Pluriel », 2004.

Dictionnaire biographique de militants nationalistes algériens, 600 portraits, Paris, L'Harmattan, 1985.

Ferhat Abbas, une utopie algérienne, avec Zakya Daoud, Paris, Denoël, 1995.

Dictionnaire des livres de la guerre d'Algérie, Paris, L'Harmattan, 1996.

Appelés en guerre d'Algérie, Paris, Gallimard, 1997.

Les 100 Portes du Maghreb, avec Akram Ellyas, Alger, Casbah, 2000 ; Paris, Éditions de l'Atelier, 2000.

La Guerre invisible. Algérie, années 90, Paris, Presses de Sciences-Po, 2001 ; Alger, Chihab Éditions, 2001.

Algeria, A Short History, 1830-2000, Ithaca, Cornell University Press, 2001.

Algérie, Maroc. Histoires parallèles, destins croisés, Paris, Maisonneuve & Larose, 2002 ; Casablanca, Tarik Éditions, 2002 ; Alger, Barzakh Éditions, 2002.

Photographier la guerre d'Algérie, avec Laurent Gervereau, Paris, Marval, 2004.

La Guerre d'Algérie : 1954-2004, la fin de l'amnésie, avec Mohammed Harbi (dir.), Paris, Robert Laffont, 2004 ; Paris, Hachette Littératures, « Pluriel », 2005.

Le Livre, mémoire de l'Histoire, Paris, Le Préau des collines, 2005.

Les Mots de la guerre d'Algérie, Toulouse, Presses universitaires du Mirail, 2005.

Immigrances. Histoire de l'immigration en France au XXe siècle, avec Émile Temime (dir.), Paris, Hachette Littératures, 2007.

Les Immigrés algériens en France. Une histoire politique, 1912-1962, Paris, Hachette Littératures, « Pluriel », 2009.

Le Mystère de Gaulle. Son choix pour l'Algérie, Paris, Robert Laffont, 2009.

Algérie 1954-1962. Apprendre l'histoire en la touchant, avec Tramor Quemeneur, Paris, Les Arènes, 2010.

Bibliographie de l'Algérie indépendante, avec Christian Boyer, Paris, Éditions du CNRS, 2010.

La Guerre d'Algérie vue par les Algériens, t. 1 : *Des origines à la bataille d'Alger*, avec Renaud de Rochebrune, Paris, Denoël, 2011.

La Guerre de l'ombre : RG contre FLN, avec Laurent Chabrun, Paris, Jacob-Duvernet, 2011.

La Guerre d'Algérie expliquée à tous, Paris, Le Seuil, 2012.

De Gaulle et la guerre d'Algérie, Paris, Fayard, « Pluriel », 2012.

Algériens en France. 1954-1962 : la guerre, l'exil, la vie. Catalogue de l'exposition, dirigée par Benjamin Stora et Linda Amiri, Paris, Autrement/CNHI (Cité nationale de l'histoire de l'immigration), 2012.

Histoire des relations entre juifs et musulmans des origines à nos jours, avec Abdelwahab Meddeb, Paris, Albin Michel, 2013.

La Guerre d'Algérie expliquée en images, Paris, Le Seuil 2014.

Les Mémoires dangereuses, avec Alexis Jenni, Paris, Albin Michel, 2016.

C'était hier en Algérie… De l'Orient à la République, une histoire des juifs d'Algérie, Paris, Larousse, 2016.

Histoire dessinée de la guerre d'Algérie, avec Sébastien Vassant, Paris, Le Seuil, 2016.

Juifs, musulmans : la grande séparation, Paris, L'Esprit du Temps, 2017.

DANS LA MÊME COLLECTION

Abélès, Marc, *Pékin 798*, 2011.

Amselle, Jean-Loup, *L'Occident décroché*, 2008. *Rétrovolutions*, 2010.

Attias-Donfut, Claudine et Wolff, François-Charles, *Le Destin des enfants d'immigrés*, 2009.

Baussant, Michèle, *Pieds-noirs, mémoires d'exils*, 2002.

Bensaïd, Daniel, *Une lente impatience*, 2004.

Birnbaum, Jean, *Leur jeunesse et la nôtre*, 2005.

Bonnain, Rolande, *L'Empire des masques*, 2001.

Boujot, Corinne, *Le Venin*, 2001.

Brougère, Gilles, *Jouets et compagnie*, 2003.

Dosse, Florence, *Les Héritiers du silence*, 2012.

Heymann, Florence, *Le Crépuscule des lieux*, 2003.

Jullien, Vincent, *Sciences agents doubles*, 2002.

Jullier, Laurent, *Hollywood et la difficulté d'aimer*, 2004.

Kracauer, Siegfried, *L'Histoire des avant-dernières choses*, 2006.

Laé, Jean-François, *L'Ogre du jugement*, 2001. *Les Nuits de la main courante*, 2007.

Lapierre, Nicole, *Pensons ailleurs*, 2004. *Causes communes*, 2011.

Laplantine, François, *Tokyo, ville flottante*, 2010.

La Soudière, Martin de, *Poétique du village*, 2010.

Lemonnier, Pierre, *Le Sabbat des lucioles*, 2006.

Löwy, Michael, *Franz Kafka, rêveur insoumis*, 2004. *La Cage d'acier*, 2013.

Mesnard, Philippe, *Témoignage en résistance*, 2007.

Mignard, Jean-Pierre, *Gardiens de nos frères*, 2014. *Robert F. Kennedy, la foi démocratique*, avec la collaboration de Hugo Roussel, 2016.

Nouaille, Martine, *Benedetto, roi d'Italie*, 2011.

Perrot, Martyne, *Faire ses courses*, 2009.

Pillon, Thierry, *Le Corps à l'ouvrage*, 2012.

Plenel, Edwy, *La Découverte du monde*, 2002.

Quesemand Zucca, Sylvie, *Je vous salis ma rue*, 2007.

ROBIN, Régine, *Berlin chantiers*, 2001. *La Mémoire saturée*, 2003. *Mégapolis*, 2009. *Le Mal de Paris*, 2014. *Un roman d'Allemagne*, 2016.

SEGALEN, Martine, *Vie d'un musée, 1937-2005*, 2005.

STORA, Benjamin, *La Dernière Génération d'Octobre*, 2003. *Les Trois Exils – juifs d'Algérie*, 2006. *Les Guerres sans fin*, 2008. *Le 89 arabe*, dialogue avec Edwy Plenel, 2011. *Voyages en postcolonies*, 2012. *Les Clés retrouvées*, 2015.

TRAVERSO, Enzo, *À feu et à sang*, 2007.

VALENSI, Lucette, *Mardochée Naggiar*, 2007.

VARIKAS, Eleni, *Les Rebuts du monde*, 2007.

WARSCHAWSKI, Michel, *Sur la frontière*, 2002.

Cet ouvrage a été composé
par PCA à Rezé (Loire-Atlantique)
et achevé d'imprimer
par Brodard & Taupin
pour le compte des Éditions Stock
21, rue du Montparnasse, 75006 Paris
en janvier 2018

PAPIER À BASE DE
FIBRES CERTIFIÉES

Stock s'engage pour
l'environnement en réduisant
l'empreinte carbone de ses livres.
Celle de cet exemplaire est de :
400 g éq. CO_2
Rendez-vous sur
www.editions-stock-durable.fr

Imprimé en France

Dépôt légal : mars 2018
N° d'édition : 01 – N° d'impression : XXX
25-10-3941/2